# E-Commerce Essenziale: Strategie e Soluzioni Pratiche per Lanciare, Gestire e Ottimizzare il Tuo Negozio Online nel Mercato Digitale (Etsy e Shopify)

## Un Manuale Completo dalla Creazione alla Conversione: Sviluppa il Tuo Brand, Massimizza la Visibilità, Gestisci le Operazioni, Sfrutta il Marketing Digitale e Fidelizza la Clientela nel Mondo dell'E-Commerce

Simone Vannini

1. **Introduzione a Etsy e Shopify**

   - Breve descrizione delle piattaforme e dei loro modelli di business.

2. **Creare un Negozio su Etsy**

   - Guida passo-passo per aprire un negozio su Etsy.

3. **Creare un Negozio su Shopify**

   - Istruzioni dettagliate per avviare un negozio su Shopify.

4. **Ricerca del Mercato**

   - Come identificare nicchie di mercato redditizie e prodotti di tendenza.

5. **Fornitori e Produzione**

   - Trovare e lavorare con fornitori affidabili.

6. **Branding e Design**

   - Creare un brand e un design accattivante per il tuo negozio.

7. **SEO per Etsy**

   - Ottimizzazione del negozio e dei prodotti per i motori di ricerca.

30.    **Conclusione e Prossimi Passi**

- Riflessioni finali e consigli per il futuro.

1. Introduzione a Etsy e Shopify • Breve descrizione delle piattaforme e dei loro modelli di business.

## 1. Introduzione a Etsy e Shopify

**Etsy:**

**Definizione:** Etsy è una piattaforma di e-commerce focalizzata sulla vendita di articoli fatti a mano, vintage e materiali per creazioni artistiche. È una community globale che connette venditori unici e creativi con acquirenti alla ricerca di prodotti unici e personalizzati.

**Modello di Business:** Il modello di business di Etsy si basa principalmente su tre flussi di reddito:

- **Commissioni di Inserzione:** Etsy addebita ai venditori una commissione per ogni articolo inserito sulla piattaforma.

- **Commissioni di Transazione:** Una commissione viene addebitata su ogni vendita realizzata attraverso la piattaforma.

- **Servizi a Pagamento:** Etsy offre vari servizi a pagamento come pubblicità, personalizzazione del negozio e opzioni di spedizione.

**Punti di Forza:**

- Community di artisti e artigiani.

- Prodotti unici e personalizzabili.

- Focalizzazione sulla sostenibilità e sull'etica.

**Shopify:**

**Definizione:** Shopify è una piattaforma di e-commerce che permette a imprese e individui di creare i propri negozi online. È versatile e adattabile a diversi tipi di business, dalla vendita di prodotti fisici a quella di servizi digitali.

**Modello di Business:** Il modello di business di Shopify si basa su:

- **Abbonamenti Mensili:** Shopify offre diversi piani tariffari con funzionalità diverse a seconda delle esigenze del venditore.

- **Commissioni di Transazione:** Shopify addebita delle commissioni di transazione a meno che il venditore non utilizzi Shopify Payments.

- **Vendita di Temi e App:** Shopify ha un mercato per temi e app che i venditori possono acquistare per migliorare i loro negozi.

**Punti di Forza:**

- Facilità d'uso e personalizzazione.

- Scalabilità per ogni dimensione di business.

- Ampia gamma di integrazioni e app.

**Conclusione:** Entrambe le piattaforme offrono opportunità uniche per gli imprenditori. Etsy è ideale per chi vende prodotti creativi e unici, mentre Shopify offre maggiore flessibilità e controllo, essendo adatto a una varietà di business. La scelta tra le due dipenderà dalle esigenze specifiche e dalla natura del prodotto o servizio che si intende vendere.

## Etsy: Differenziazione e Comunità

Etsy rappresenta una sorta di bazar globale, dove la creatività è il fulcro di ogni transazione. A differenza di molte altre piattaforme di e-commerce, Etsy mette in risalto il valore dell'unicità e dell'originalità. La piattaforma ospita una miriade di negozi che vendono prodotti unici, che spesso non possono essere trovati altrove. Questo crea un senso di esclusività e un appeal particolare per gli acquirenti che cercano qualcosa di diverso dai prodotti di massa.

L'elemento comunitario è un altro aspetto distintivo di Etsy. Venditori e acquirenti interagiscono attraverso recensioni, discussioni e messaggi diretti, creando un legame che va oltre la semplice transazione commerciale. Questa interazione diretta permette ai venditori di comprendere meglio le esigenze dei loro clienti, e agli acquirenti di sentire una connessione più personale con i venditori.

## Shopify: Versatilità e Crescita

Shopify, d'altra parte, è una piattaforma estremamente versatile che permette di creare negozi online che riflettono la visione e il brand del venditore. Offre una vasta gamma di strumenti e funzionalità che aiutano i venditori a gestire e far crescere il loro business. La possibilità di integrare diverse app e servizi consente ai venditori di Shopify di ottimizzare le operazioni del loro negozio, migliorare l'esperienza del cliente e aumentare le vendite.

Inoltre, Shopify è noto per la sua scalabilità. Che si tratti di un piccolo negozio locale o di un grande marchio internazionale, Shopify ha la capacità di adattarsi alle esigenze in continua evoluzione del business. Questo rende la piattaforma ideale per imprenditori e aziende di tutte le dimensioni che aspirano a espandere la loro presenza online e a esplorare nuovi mercati.

## Marketing e Visibilità

Entrambe le piattaforme offrono diverse opportunità di marketing. Etsy ha un sistema interno di annunci a pagamento che permette ai venditori di mettere in evidenza i loro prodotti all'interno della piattaforma. Questo, unito al forte senso di comunità e all'algoritmo di Etsy, che tende a privilegiare i prodotti unici e di qualità, può aiutare i venditori a aumentare la visibilità dei loro articoli e a attirare più clienti.

Shopify, invece, fornisce accesso a una varietà di canali di marketing, sia interni che esterni. I venditori possono utilizzare strumenti di SEO, email marketing, social media marketing e pubblicità online per promuovere i loro prodotti. Inoltre, la piattaforma offre analisi dettagliate che aiutano i venditori a monitorare le prestazioni del loro negozio e a ottimizzare le strategie di marketing.

## Personalizzazione e Funzionalità

La possibilità di personalizzare il proprio negozio è un altro aspetto importante. Etsy offre alcune opzioni di personalizzazione, permettendo ai venditori di aggiungere il loro tocco personale ai negozi, ma le possibilità sono relativamente limitate rispetto a Shopify. Shopify, con la sua ampia gamma di temi e app, offre un livello di personalizzazione molto più elevato, permettendo ai venditori di creare un negozio che rispecchia pienamente il loro brand e la loro visione.

## Spese e Costi

Sia Etsy che Shopify hanno delle spese associate alla vendita online. Etsy addebita commissioni di inserzione e di transazione, oltre a offrire servizi a pagamento come Etsy Ads. D'altra parte, Shopify ha piani tariffari mensili, che variano in base alle funzionalità offerte, e addebita commissioni di transazione se non si utilizza Shopify Payments. È essenziale che i venditori esaminino attentamente queste spese e considerino come influenzeranno i margini di profitto del loro negozio.

## Educazione e Supporto

Entrambe le piattaforme sono note per l'ampia gamma di risorse educative e il supporto al cliente. Etsy e Shopify offrono guide, tutorial, webinar e forum per aiutare i venditori in ogni fase del processo, dalla creazione del negozio alla gestione delle vendite. Il supporto clienti è accessibile attraverso vari canali, garantendo che i venditori ricevano l'aiuto necessario quando ne hanno bisogno.

## Conclusione Parziale

In sintesi, Etsy e Shopify offrono ambienti unici e vantaggiosi per venditori diversi. La scelta tra le due piattaforme dipenderà in gran parte dal tipo di prodotti che si desidera vendere, dal livello di personalizzazione che si desidera avere sul proprio negozio e dalle proprie aspirazioni di crescita nel mondo dell'e-commerce. Esplorando ulteriormente le caratteristiche di ciascuna piattaforma e valutando attentamente le proprie esigenze e obiettivi, i venditori possono fare una scelta informata su quale piattaforma sia la più adatta per il loro business.

## L'Esperienza Utente

Un fattore decisivo nella scelta tra Etsy e Shopify è l'esperienza utente che ciascuna piattaforma offre, sia per i venditori che per gli acquirenti. Etsy, con la sua interfaccia user-friendly e la sua natura orientata alla comunità, facilita l'interazione tra venditori e clienti. La piattaforma è progettata per essere intuitiva, permettendo anche ai nuovi venditori di impostare i loro negozi e gestire le transazioni con relativa facilità.

Shopify, pur essendo altrettanto intuitivo, offre una gamma più ampia di strumenti e funzionalità, il che lo rende più adatto a coloro che sono alla ricerca di soluzioni e-commerce complete e avanzate. Con Shopify, i venditori possono avere un controllo maggiore su ogni aspetto del loro negozio online, dalla gestione dell'inventario alla personalizzazione del design.

## Integrazioni e Applicazioni

Le integrazioni e le applicazioni sono un altro aspetto cruciale da considerare. Shopify excelle in questo campo, offrendo un vasto ecosistema di applicazioni che i venditori possono utilizzare per aggiungere funzionalità aggiuntive ai loro negozi, come programmi di fedeltà, recensioni dei prodotti e soluzioni di spedizione. Questo permette una personalizzazione e una scalabilità notevoli, consentendo ai negozi di crescere e evolversi in base alle esigenze del mercato e dei clienti.

Etsy, pur non avendo un ecosistema di applicazioni paragonabile a quello di Shopify, offre comunque varie integrazioni, come quelle per la stampa on demand e la spedizione, che possono aiutare i venditori a ottimizzare le operazioni del loro negozio e a migliorare l'esperienza del cliente.

## Coinvolgimento e Fidelizzazione della Clientela

La natura comunitaria di Etsy favorisce il coinvolgimento dei clienti. La piattaforma incoraggia i venditori a comunicare direttamente con i clienti attraverso messaggi e discussioni, creando una sensazione di connessione e di appartenenza. Questo può contribuire a costruire relazioni a lungo termine con i clienti e a incoraggiare la fedeltà al marchio.

Shopify, pur non essendo intrinsecamente una piattaforma comunitaria, offre comunque strumenti che i venditori possono utilizzare per coinvolgere e fidelizzare i clienti, come l'email marketing e i programmi di ricompensa. Inoltre, la possibilità di creare un design unico e una brand identity forte può aiutare a creare un legame più stretto con i clienti.

## Sostenibilità e Responsabilità Sociale

Un altro aspetto interessante è l'attenzione di Etsy alla sostenibilità e alla responsabilità sociale. Etsy si impegna a promuovere pratiche sostenibili, incoraggiando i venditori a utilizzare materiali ecologici e a ridurre l'impatto ambientale delle loro operazioni. Questo può essere un fattore attraente per i venditori e gli acquirenti che danno valore alla sostenibilità.

Anche se Shopify non ha lo stesso focus esplicito sulla sostenibilità, la piattaforma offre tuttavia la possibilità ai venditori di adottare pratiche sostenibili e responsabili, come l'uso di materiali ecologici e la vendita di prodotti eticamente prodotti.

## Mobile Responsiveness e Ottimizzazione

In un'era in cui gli acquisti online tramite dispositivi mobili sono in continuo aumento, la mobile responsiveness è essenziale. Shopify offre temi ottimizzati per i dispositivi mobili e permette una navigazione fluida e un'esperienza d'acquisto piacevole, indipendentemente dal dispositivo utilizzato.

Anche Etsy offre un'ottima esperienza mobile, con un'app dedicata che facilita l'acquisto e la gestione dei negozi per venditori e acquirenti. L'app di Etsy è progettata per rendere la navigazione intuitiva e le transazioni semplici, contribuendo a mantenere l'engagement dei clienti.

## Presenza Globale e Localizzazione

Etsy e Shopify hanno entrambe una solida presenza globale. Etsy, con la sua comunità di artisti e artigiani da tutto il mondo, offre un'ampia varietà di prodotti unici da differenti paesi e culture. La piattaforma supporta diverse lingue e valute, facilitando gli acquisti internazionali.

Shopify, da parte sua, offre la possibilità ai venditori di vendere i loro prodotti in diverse lingue e valute, con opzioni di spedizione internazionale. Questo rende Shopify una piattaforma ideale per i venditori che

aspirano a espandere il loro business oltre i confini
nazionali.

## Conflitto e Risoluzione dei Problemi

Entrambe le piattaforme offrono supporto nella
gestione dei conflitti e nella risoluzione dei problemi.
Etsy ha un sistema di risoluzione delle controversie che
aiuta venditori e acquirenti a risolvere i problemi
relativi alle transazioni. Inoltre, la piattaforma offre
una serie di risorse educative per aiutare i venditori a
gestire le situazioni difficili.

Shopify, allo stesso modo, offre supporto ai venditori
attraverso il suo servizio clienti e la sua base di
conoscenze online. I venditori possono trovare risposte
a domande comuni e ricevere assistenza per risolvere
problemi specifici, contribuendo a mantenere buoni
rapporti con i clienti e a garantire la soddisfazione.

In ogni momento, i venditori devono essere proattivi
nel gestire i conflitti e nel cercare soluzioni che siano
vantaggiose sia per loro che per i clienti. La chiave è
mantenere la comunicazione aperta e costruttiva,
cercando di comprendere le esigenze e le
preoccupazioni di tutte le parti coinvolte.

## Aggiornamenti e Innovazione

Nel mondo in continua evoluzione dell'e-commerce, l'innovazione e gli aggiornamenti regolari sono essenziali. Shopify è nota per il suo impegno nell'innovazione, rilasciando regolarmente nuove funzionalità e miglioramenti per aiutare i venditori a rimanere competitivi. La piattaforma investe in ricerca e sviluppo e ascolta i feedback dei venditori per continuare a evolversi e adattarsi alle tendenze del mercato.

Etsy, sebbene non offra la stessa gamma di strumenti avanzati di Shopify, è comunque attenta alle esigenze della sua comunità e introduce regolarmente miglioramenti e nuove funzionalità per migliorare l'esperienza dei venditori e degli acquirenti. La piattaforma valorizza il feedback dei suoi utenti e cerca di creare un ambiente che supporti la crescita e il successo dei negozi.

## SEO e Visibilità Online

La SEO (Search Engine Optimization) è un aspetto cruciale per garantire la visibilità online dei prodotti. Etsy offre una serie di strumenti SEO integrati che aiutano i venditori a ottimizzare i loro elenchi per i motori di ricerca. La piattaforma offre consigli e linee guida su come utilizzare le parole chiave, creare titoli efficaci e scrivere descrizioni ottimizzate per migliorare il posizionamento nei risultati di ricerca.

Shopify, d'altra parte, offre strumenti SEO più avanzati e personalizzabili, consentendo ai venditori di avere un controllo maggiore sull'ottimizzazione dei loro negozi e prodotti per i motori di ricerca. La piattaforma offre anche integrazioni con Google Analytics e altri strumenti di analisi per monitorare le prestazioni e adattare le strategie SEO in base ai dati.

## Pagamenti e Sicurezza

La gestione dei pagamenti e la sicurezza delle transazioni sono fondamentali nell'e-commerce. Etsy offre un sistema di pagamento sicuro e integrato, accettando una varietà di metodi di pagamento come carte di credito, PayPal e Etsy Gift Cards. La piattaforma utilizza protocolli di sicurezza avanzati per proteggere le informazioni sensibili dei clienti e garantire transazioni sicure.

Shopify, a sua volta, offre Shopify Payments, un sistema di pagamento integrato che accetta una vasta gamma di metodi di pagamento e valute. La piattaforma utilizza tecnologie di sicurezza all'avanguardia, come la crittografia SSL, per proteggere i dati dei clienti e prevenire frodi.

## Tariffazione e Politica dei Prezzi

Un altro aspetto da considerare è la tariffazione e la politica dei prezzi delle piattaforme. Etsy addebita una serie di commissioni, tra cui tariffe di inserzione, commissioni di transazione e spese di pubblicità, che i venditori devono tenere in considerazione al momento di determinare i prezzi dei loro prodotti. La trasparenza nella tariffazione è fondamentale per mantenere la fiducia dei clienti e garantire una transazione equa.

Shopify, d'altra parte, ha una struttura tariffaria basata su piani mensili, con costi variabili a seconda delle funzionalità e delle risorse necessarie. I venditori devono valutare attentamente quale piano sia più adatto alle loro esigenze e calcolare come le spese associate influenzeranno i loro margini di profitto.

## Reti Sociali e Promozione

La promozione attraverso le reti sociali è diventata un elemento chiave del successo nell'e-commerce. Etsy offre l'integrazione con diverse piattaforme di social media, permettendo ai venditori di condividere i loro prodotti e interagire con i clienti attraverso canali come Facebook, Instagram e Pinterest. Questo può aiutare a costruire una comunità intorno al brand e a incentivare il passaparola.

Shopify va oltre, offrendo strumenti avanzati di marketing sui social media e integrazioni con piattaforme come Facebook Shop e Instagram Shopping. Questo permette ai venditori di vendere direttamente attraverso i social media, raggiungendo un pubblico più ampio e sfruttando le funzionalità di targeting pubblicitario di queste piattaforme.

## Conclusioni Intermedie

Concludendo questa parte, possiamo osservare che Etsy e Shopify offrono soluzioni diverse per esigenze diverse. La scelta tra le due piattaforme dovrebbe basarsi su una varietà di fattori, tra cui il tipo di prodotti venduti, la necessità di personalizzazione, le ambizioni di crescita, e le preferenze in termini di comunità e interazione con i clienti. Esaminando attentamente le caratteristiche di entrambe le piattaforme, i venditori possono determinare quale opzione sia più in linea con i loro obiettivi e le loro aspirazioni nel mondo dell'e-commerce.

## Analisi dei Dati e Insight di Mercato

L'analisi dei dati è fondamentale per comprendere le esigenze dei clienti, prevedere le tendenze e ottimizzare le strategie di vendita. Shopify offre strumenti analitici avanzati che permettono ai venditori di monitorare le prestazioni del loro negozio, analizzare il comportamento dei clienti e tracciare le conversioni. Questi dati possono essere utilizzati per apportare modifiche strategiche, migliorare l'efficacia delle campagne di marketing e aumentare la rentabilità.

Da parte sua, Etsy offre anche strumenti analitici, sebbene non siano avanzati come quelli di Shopify. I venditori su Etsy possono comunque accedere a dati utili, come le visualizzazioni dei prodotti, le fonti di traffico e le conversioni, che possono aiutarli a comprendere meglio il loro pubblico e a ottimizzare le loro offerte.

## Personalizzazione e Branding

La possibilità di personalizzare il proprio negozio e costruire un brand forte è un altro aspetto che distingue Shopify da Etsy. Shopify permette ai venditori di personalizzare completamente l'aspetto del loro negozio, dal layout ai colori, consentendo loro di esprimere la personalità del brand e di creare un'esperienza unica per i clienti. Questa libertà di personalizzazione può aiutare a stabilire un'identità di marca distintiva e a costruire la lealtà del cliente.

In contrasto, Etsy offre meno opzioni di personalizzazione, poiché i negozi sulla piattaforma seguono un formato standard. Tuttavia, la piattaforma compensa con una forte sensazione di comunità e un focus sui prodotti fatti a mano e vintage, che possono contribuire a creare un'identità di marca unica e attrarre un pubblico specifico.

## Scalabilità e Crescita

Per quanto riguarda la scalabilità e la crescita, Shopify si distingue come una piattaforma altamente scalabile, che può supportare i venditori attraverso diverse fasi della loro evoluzione commerciale. Con una vasta gamma di applicazioni e integrazioni, Shopify può adattarsi alle esigenze di negozi di tutte le dimensioni, permettendo ai venditori di aggiungere nuove funzionalità man mano che il loro business cresce.

Etsy, pur essendo una piattaforma efficace per piccoli venditori e artigiani, può presentare alcune limitazioni in termini di scalabilità. Tuttavia, la piattaforma offre un ambiente di vendita stabile e una base di clienti dedicata, che può essere particolarmente vantaggiosa per i venditori di nicchia e quelli che si concentrano su prodotti unici e personalizzati.

## Formazione e Risorse Educative

La disponibilità di risorse educative e di formazione è un altro elemento importante. Shopify offre una vasta gamma di guide, tutorial e corsi online che possono aiutare i venditori a migliorare le loro competenze e a comprendere meglio il mondo dell'e-commerce. Queste risorse possono essere particolarmente utili per i principianti, che possono beneficiare di consigli pratici e approfondimenti per costruire e gestire con successo il loro negozio online.

Anche Etsy offre supporto educativo, fornendo guide e consigli utili su come ottimizzare i negozi, fotografare i prodotti, impostare i prezzi e altro ancora. La piattaforma ha anche una comunità attiva di venditori che possono condividere esperienze e consigli, offrendo un supporto prezioso l'uno all'altro.

## Politiche Ambientali ed Etiche

Nell'attuale panorama commerciale, le preoccupazioni ambientali ed etiche stanno diventando sempre più centrali. Etsy ha una forte reputazione in questo ambito, promuovendo attivamente la sostenibilità e incoraggiando i venditori a adottare pratiche etiche e responsabili. La piattaforma ha anche introdotto iniziative come la compensazione delle emissioni di carbonio per le spedizioni, dimostrando un impegno concreto verso la tutela ambientale.

Sebbene Shopify non abbia lo stesso focus esplicito su questi aspetti, la piattaforma offre la flessibilità per i venditori di adottare pratiche sostenibili e etiche, come l'uso di materiali eco-compatibili, la produzione etica e il commercio equo e solidale. Inoltre, Shopify ha introdotto iniziative per ridurre il proprio impatto ambientale e supportare lo sviluppo sostenibile.

## Community e Networking

La presenza di una community attiva e il networking sono fondamentali per il successo di un venditore. Etsy, con la sua natura orientata alla comunità, offre un ambiente favorevole in cui i venditori possono interagire, condividere esperienze e imparare gli uni dagli altri. I forum di Etsy sono luoghi in cui è possibile discutere di varie tematiche, risolvere dubbi e ottenere consigli da venditori più esperti.

Shopify, pur non avendo una piattaforma comunitaria incorporata come Etsy, offre comunque opportunità di networking attraverso forum, gruppi social e eventi. Shopify organizza anche conferenze e incontri, come Shopify Unite, che permetton

A concludere il primo punto, è essenziale sottolineare come Etsy e Shopify si distinguano per una serie di peculiarità e offrano opportunità diverse ai venditori. Entrambe le piattaforme sono rinomate nel mondo dell'e-commerce, ma presentano differenze sostanziali in termini di modello di business, strumenti disponibili, personalizzazione e possibilità di crescita.

Etsy, con la sua forte inclinazione verso una comunità di artigiani e creativi, si concentra su prodotti unici, fatti a mano e vintage, offrendo un ambiente caldo e accogliente che incoraggia l'interazione tra venditori e acquirenti. La piattaforma offre strumenti di base per la gestione e la promozione dei negozi, mettendo in primo piano l'autenticità e l'unicità dei prodotti. Le politiche ambientali ed etiche, così come la promozione della sostenibilità, sono elementi distintivi di Etsy, attirando un pubblico consapevole e impegnato.

D'altra parte, Shopify si presenta come una soluzione più versatile e scalabile, adatta a una varietà di venditori, dai piccoli imprenditori ai marchi consolidati. La piattaforma offre una gamma più ampia di strumenti avanzati, che includono analisi dei dati, SEO, marketing e personalizzazione del negozio. La possibilità di espandere e adattare il negozio in base alle esigenze in evoluzione del venditore rende Shopify una scelta ideale per chi ambisce a una crescita significativa nel campo dell'e-commerce.

In termini di supporto e risorse educative, entrambe le piattaforme mostrano un impegno a fornire aiuto e formazione ai venditori. Shopify si distingue per la ricchezza di guide, tutorial e corsi online, mentre Etsy vanta una comunità attiva e solidale, pronta a condividere esperienze e consigli.

La promozione attraverso i social media e la visibilità online sono aspetti ben gestiti da entrambe le piattaforme, ognuna con le sue peculiarità. Shopify offre integrazioni avanzate con vari canali di social media, mentre Etsy permette una promozione efficace grazie al suo ambiente comunitario e alla sua reputazione nel mondo dei prodotti artigianali.

Infine, è fondamentale considerare le politiche di prezzo e le commissioni applicate da ciascuna piattaforma, che influenzeranno direttamente i margini di profitto dei venditori. Shopify propone una struttura basata su piani mensili, mentre Etsy applica commissioni di inserzione e transazione, elementi che necessitano di un'attenta valutazione da parte dei venditori al momento della scelta della piattaforma.

In sintesi, la scelta tra Etsy e Shopify dovrebbe essere attentamente ponderata, considerando i propri obiettivi di business, il tipo di prodotti venduti, il desiderio di scalabilità e le preferenze in termini di comunità e interazione con i clienti. Entrambe le piattaforme offrono opportunità uniche e possono portare al successo nel mondo dell'e-commerce, ma è fondamentale comprendere le proprie esigenze e aspirazioni per fare la scelta giusta.

2. Creare un Negozio su Etsy • Guida passo-passo per aprire un negozio su Etsy.

Aprire un negozio su Etsy può essere un'opportunità eccitante per vendere prodotti fatti a mano, vintage o materiali creativi. Ecco una guida passo-passo per aiutarti a iniziare:

## 1. Creazione dell'Account

- Visita Etsy.com e clicca su "Vendi su Etsy".

- Segui le istruzioni per creare un account venditore, inserendo email, nome utente e password.

## 2. Configurazione del Negozio

- Scegli la lingua del negozio, la valuta e il paese.

- Definisci il nome del tuo negozio (unico su Etsy).

## 3. Inserimento dei Prodotti

- Clicca su "Aggiungi un nuovo articolo".

- Compila le informazioni richieste: titolo, descrizione, foto, prezzo, quantità, metodi di pagamento.

- Aggiungi tag e categorie per migliorare la visibilità del tuo prodotto.

## 4. Impostazione dei Metodi di Pagamento

- Accedi alle impostazioni di pagamento e seleziona i metodi che preferisci (PayPal, carta di credito, Etsy Payments).

## 5. Definizione delle Spese di Spedizione

- Stabilisci le tariffe di spedizione in base al peso, alle dimensioni e alla destinazione.

- Considera l'opzione di offrire spedizioni internazionali.

## 6. Ottimizzazione del Negozio

- Aggiungi una descrizione del negozio e un'immagine del profilo.

- Crea sezioni del negozio e aggiungi termini e condizioni.

- Utilizza parole chiave pertinenti per migliorare il SEO.

## 7. Promozione del Negozio

- Condividi il tuo negozio sui social media e considera l'utilizzo di annunci a pagamento su Etsy.

- Invita amici, familiari e follower a visitare il tuo negozio e a lasciare recensioni.

## 8. Monitoraggio delle Performance

- Utilizza gli strumenti analitici di Etsy per monitorare le visite, le vendite e le preferenze.

- Adatta la tua strategia di vendita in base ai dati raccolti.

## 9. Interazione con la Community

- Partecipa ai forum e ai gruppi di Etsy per condividere esperienze e consigli.

- Rispondi prontamente ai messaggi dei clienti e risolvi eventuali problemi.

## 10. Revisione e Aggiornamento

- Aggiorna regolarmente il tuo inventario e le descrizioni dei prodotti.

- Considera l'offerta di sconti stagionali o promozioni.

**Consigli Supplementari:**

- Realizza fotografie di qualità dei tuoi prodotti.

- Stabilisci un prezzo competitivo, tenendo conto dei costi e delle commissioni di Etsy.

- Offri un ottimo servizio clienti e chiedi feedback.

Ricorda che il successo su Etsy richiede tempo e dedizione. Sii paziente, apprendi continuamente e adatta la tua strategia di vendita alle esigenze del mercato e ai feedback dei clienti.

Aprire un negozio su Etsy è solo l'inizio del viaggio nel mondo dell'e-commerce artigianale. Una volta che il negozio è attivo e funzionante, è fondamentale focalizzarsi su diverse aree chiave per garantire il suo successo e la sua crescita.

## Strategie di Branding

Il branding è essenziale per distinguere il tuo negozio in un mercato affollato. Rifletti sulla personalità del tuo brand, i colori, i font e l'immagine che vuoi trasmettere. L'identità del tuo brand dovrebbe riflettersi in ogni aspetto del tuo negozio, dalle immagini dei prodotti alla comunicazione con i clienti.

## Descrizioni Dettagliate dei Prodotti

Le descrizioni dei prodotti sono uno strumento potente per convertire i visitatori in clienti. Devono essere dettagliate, coinvolgenti e fornire tutte le informazioni necessarie, come dimensioni, materiali, colori disponibili e istruzioni per la cura del prodotto. L'uso di parole chiave pertinenti nelle descrizioni può anche migliorare la visibilità del tuo negozio sui motori di ricerca.

## Gestione delle Recensioni

Le recensioni positive sono oro per un venditore online. Incoraggia i tuoi clienti a lasciare recensioni e rispondi prontamente ed educatamente a quelle negative, cercando di risolvere eventuali problemi. Un alto punteggio nelle recensioni aumenta la fiducia dei potenziali clienti e può influenzare positivamente le tue vendite.

## Politiche di Reso e Rimborso

Avere politiche di reso e rimborso chiare e ragionevoli può aiutare a costruire la fiducia del cliente. Assicurati di descrivere in modo dettagliato le condizioni di reso, i tempi e le responsabilità del venditore e dell'acquirente.

## Studio della Concorrenza

Analizza regolarmente i tuoi concorrenti su Etsy. Osserva i loro prezzi, le descrizioni dei prodotti, le strategie di marketing e le recensioni dei clienti. Questo ti aiuterà a identificare le tendenze del mercato, a migliorare la tua offerta e a posizionarti in modo competitivo.

## Offerte e Promozioni

Considera di tenere delle vendite stagionali, offrire sconti per acquisti multipli o creare codici promozionali per incentivare gli acquisti e attrarre nuovi clienti. Ricorda di fare pubblicità alle tue promozioni sui social media e nelle newsletter.

## Gestione delle Scorte

Monitora attentamente le tue scorte per evitare di rimanere senza prodotti best-seller durante i periodi di picco. Allo stesso tempo, analizza le performance dei prodotti per non sovraccaricare il magazzino con articoli a bassa rotazione.

## Partecipazione agli Eventi Virtuali

Etsy organizza spesso eventi virtuali, come mercatini e fiere artigianali online. Partecipare a questi eventi può aumentare la visibilità del tuo negozio, attrarre nuovi clienti e creare una sensazione di comunità con altri venditori.

## Ottimizzazione Continua

Il mondo dell'e-commerce è in costante evoluzione, quindi è vitale rimanere aggiornati sulle ultime tendenze, strumenti e best practices. Esplora nuovi modi per ottimizzare il tuo negozio, migliorare l'esperienza del cliente e aumentare le conversioni.

## Ascolto del Cliente

Raccogli i feedback dei tuoi clienti e ascolta attentamente le loro esigenze e desideri. Questo ti permetterà di adattare i tuoi prodotti, migliorare il servizio clienti e costruire relazioni durature con la tua clientela.

## Collaborazioni e Partnerships

Stabilire collaborazioni con altri venditori su Etsy può aprire la porta a nuove opportunità. Si potrebbero considerare collaborazioni su prodotti limitati, condivisione di abilità e conoscenze, o promozione incrociata sui social media, contribuendo ad aumentare la visibilità e la portata del tuo negozio.

## Email Marketing

L'email marketing rimane uno degli strumenti più efficaci per mantenere il contatto con i clienti e incentivare acquisti ripetuti. Creare una newsletter interessante, offrire sconti esclusivi e inviare aggiornamenti su nuovi prodotti o vendite può mantenere alto l'interesse verso il tuo negozio.

## Ottimizzazione delle Foto

Le immagini sono il biglietto da visita del tuo negozio online. Investi tempo nella creazione di foto di alta qualità, chiare e ben illuminate. Mostra i tuoi prodotti da diverse angolazioni e, se possibile, in un contesto d'uso, per aiutare i clienti a immaginare come potrebbero utilizzare l'articolo.

## Partecipazione a Forum e Gruppi

Essere attivi nei forum e nei gruppi di Etsy può aiutarti a costruire relazioni con altri venditori e compratori, a condividere consigli e trucchi, e ad apprendere nuove strategie per la crescita del tuo negozio.

## Ricerca di Nicchia

Identificare una nicchia di mercato specifica può aiutarti a distinguerti dalla concorrenza e a soddisfare le esigenze di un pubblico particolare. Analizza il mercato, scopri quali sono i bisogni non soddisfatti e posiziona i tuoi prodotti in modo strategico.

## SEO Avanzato

Approfondisci le tecniche di SEO per migliorare ulteriormente la visibilità del tuo negozio. Utilizza strumenti di analisi delle parole chiave, ottimizza i meta tag e crea backlink di qualità per aumentare il traffico verso il tuo negozio.

## Gestione del Tempo e delle Priorità

Essere venditori su Etsy può essere impegnativo, specialmente se è un'attività secondaria. Impara a gestire il tuo tempo in modo efficace, stabilisci priorità e crea un calendario di lavoro per equilibrare produzione, gestione del negozio e promozione.

## Formazione Continua

Il mondo dell'e-commerce è in continua evoluzione e ci sono sempre nuove cose da imparare. Investi tempo nella formazione continua, partecipa a webinar, leggi blog e libri sull'argomento, e mantieniti aggiornato sulle novità del settore.

## Risposta ai Trend di Mercato

Mantieniti informato sui trend di mercato e adatta i tuoi prodotti di conseguenza. Offrire prodotti che sono attualmente in voga può aumentare le vendite e attirare nuovi clienti al tuo negozio.

## Sviluppo di Nuovi Prodotti

Innovare e sviluppare costantemente nuovi prodotti è fondamentale per mantenere l'interesse dei clienti. Ascolta i feedback, osserva i trend e sperimenta con nuove idee per mantenere il tuo assortimento fresco e interessante.

## Monitoraggio del Budget e dei Costi

Tieni sotto controllo il tuo budget e monitora attentamente i costi di produzione, spedizione e promozione. Calcola accuratamente i prezzi dei tuoi prodotti per assicurarti una margine di profitto sano.

## Utilizzo dei Social Media

Oltre ad Instagram, esplora altre piattaforme social come Pinterest, Facebook o TikTok. Ogni piattaforma ha un pubblico diverso e richiede una strategia di contenuto diversa, quindi sperimenta e scopri quali sono più efficaci per il tuo brand.

## Servizio Clienti Eccellente

Il servizio clienti è il cuore di qualsiasi attività. Rispondi prontamente ai messaggi, risolvi i problemi in modo proattivo e mostra apprezzamento ai tuoi clienti. Un servizio clienti eccellente può tradursi in recensioni positive e clienti che ritornano.

Questi sono alcuni dei passaggi e delle strategie che possono aiutarti a prosperare su Etsy, ma ricorda, la perseveranza e la dedizione sono fondamentali per avere successo in qualsiasi impresa.

Concludendo, creare un negozio su Etsy è un processo che va ben oltre l'apertura effettiva del negozio. La prosperità in questa piattaforma richiede un impegno continuo nella diversificazione e nell'ottimizzazione del negozio, un profondo impegno nella creazione di relazioni con i clienti e una strategia ben pianificata per mantenere la rilevanza in un mercato in continua evoluzione.

## Strategia Complessiva

Una strategia ben delineata e complessiva è il pilastro del successo. Questo implica un mix di ottimizzazione SEO, branding efficace, gestione attenta delle recensioni, promozioni mirate e un eccezionale servizio clienti. La coerenza in tutte queste aree aiuterà a costruire un marchio forte e a garantire che il negozio rimanga competitivo.

## Adattabilità e Innovazione

L'adattabilità e l'innovazione continuano a essere centrali. Osservare attentamente i trend di mercato, essere pronti ad adattare l'assortimento di prodotti e sviluppare nuove idee manterranno l'offerta fresca e al passo con le esigenze dei consumatori. Inoltre, l'innovazione non è solo legata ai prodotti, ma anche alla modalità di interazione con i clienti e alla presentazione del negozio online.

## Relazione con la Clientela

La costruzione di relazioni solide e durature con i clienti è fondamentale. Un servizio clienti di alta qualità, politiche di reso chiare e la gestione proattiva delle recensioni contribuiranno a creare fiducia e lealtà, fattori che possono trasformare i clienti occasionali in clienti abituali.

## Formazione e Crescita Personale

La formazione continua e la crescita personale sono essenziali in un ambiente digitale in rapida evoluzione. Mantenere l'apprendimento e l'aggiornamento al centro della tua strategia ti permetterà di rimanere competitivo, di ottimizzare costantemente il tuo negozio e di adattarti alle nuove tendenze e tecnologie.

## Gestione Finanziaria

Un'attenta gestione finanziaria è la chiave per mantenere la sostenibilità del tuo negozio Etsy. Monitorare i costi, ottimizzare i prezzi e gestire il budget in modo efficace garantirà che tu possa reinvestire nel tuo business e crescere nel lungo termine.

## Presenza Multicanale

Infine, non sottovalutare l'importanza di una presenza multicanale. Utilizzare diverse piattaforme di social media e canali di vendita può ampliare la tua portata e attrarre una varietà di clienti. Ogni piattaforma offre opportunità uniche, quindi sperimentare e adattare la tua strategia a ciascuna di esse può offrire benefici significativi.

In definitiva, il successo su Etsy è frutto di dedizione, conoscenza e la capacità di adattarsi e crescere. Concentrati su questi elementi chiave, mantieni la passione per quello che fai e continua a cercare modi per migliorare e innovare, e vedrai che il tuo negozio Etsy non solo sopravviverà, ma prospererà in questo mercato digitale dinamico.

3. Creare un Negozio su Shopify • Istruzioni dettagliate per avviare un negozio su Shopify.

Creare un negozio su Shopify è un processo che può essere suddiviso in vari passaggi, ognuno dei quali è fondamentale per assicurare il successo dell'impresa online.

## 1. Iscrizione su Shopify:

Per iniziare, è necessario registrarsi su Shopify. Durante il processo di iscrizione, verranno richiesti alcuni dettagli di base come l'indirizzo email, la password e il nome del negozio. Una volta completata l'iscrizione, Shopify guiderà gli utenti attraverso il setup iniziale.

## 2. Personalizzazione del Design del Negozio:

Shopify offre una varietà di temi e modelli gratuiti e a pagamento. Scegli un tema che si allinea con il branding del tuo negozio e personalizzalo per adattarlo alle tue esigenze. E' possibile modificare i colori, le immagini, i caratteri e altri elementi del design senza necessità di conoscenze di codice.

## 3. Aggiunta di Prodotti:

Il passaggio successivo è l'aggiunta di prodotti al tuo negozio. Durante questo processo, è fondamentale fornire informazioni dettagliate su ogni prodotto, inclusi prezzo, descrizione, immagini di alta qualità e, se applicabile, varianti di prodotto come dimensioni o colori.

## 4. Configurazione delle Impostazioni di Pagamento e Spedizione:

Prima di poter effettuare vendite, è necessario configurare le impostazioni di pagamento e spedizione. Shopify supporta vari metodi di pagamento, come carte di credito, PayPal e altri. Inoltre, è importante definire le tariffe di spedizione e le zone di spedizione.

## 5. Impostazioni SEO e Analytics:

L'ottimizzazione per i motori di ricerca (SEO) è fondamentale per aumentare la visibilità del tuo negozio online. Utilizza parole chiave pertinenti, meta descrizioni e titoli efficaci. Inoltre, collega il tuo negozio a Google Analytics per monitorare il traffico e il comportamento degli utenti.

## 6. Creazione di Politiche del Negozio:

È indispensabile creare politiche chiare e trasparenti per il tuo negozio. Questo include la politica di reso, la politica di privacy e i termini di servizio. Queste politiche aiutano a costruire fiducia con i clienti e a risolvere eventuali disputi in modo efficace.

## 7. Strategie di Marketing e Promozione:

Una volta che il negozio è pronto, è il momento di attirare i clienti. Esplora diverse strategie di marketing come l'email marketing, la pubblicità su social media, il content marketing e gli sconti promozionali per aumentare la visibilità del tuo negozio.

## 8. Servizio Clienti e Supporto:

Un eccellente servizio clienti è fondamentale per la riuscita di un negozio online. Assicurati di rispondere prontamente alle domande dei clienti, risolvere i problemi in modo efficace e offrire supporto post-vendita.

## 9. Monitoraggio e Ottimizzazione:

Dopo il lancio, è cruciale monitorare le prestazioni del negozio. Analizza i dati di vendita, il traffico del sito e il comportamento degli utenti per identificare aree di miglioramento e ottimizzare il negozio di conseguenza.

## 10. Aggiornamenti e Mantenimento:

Il mondo dell'e-commerce è dinamico e in continua evoluzione. È importante mantenere il negozio aggiornato con nuovi prodotti, aggiornamenti del design e nuove funzionalità. Inoltre, rimani informato sulle ultime tendenze del settore e adatta il tuo negozio di conseguenza.

Questi passaggi offrono una panoramica dettagliata di come avviare un negozio su Shopify, ma è fondamentale ricordare che il successo richiede tempo, impegno e una continua volontà di apprendimento e adattamento.

Mentre prosegui nel consolidamento e sviluppo del tuo negozio su Shopify, considera anche i seguenti aspetti che potrebbero rivelarsi essenziali per il tuo successo.

### Gestione dell'Inventario:

La gestione efficiente dell'inventario è cruciale per evitare sovrastock o stockout. Shopify offre strumenti per tracciare i livelli di stock e ricevere notifiche quando è il momento di riordinare. L'uso di soluzioni di gestione dell'inventario può anche aiutare a ottimizzare i livelli di stock e ridurre i costi di immagazzinamento.

## Fidelizzazione del Cliente:

La creazione di programmi di fidelizzazione e incentivi per i clienti abituali può aumentare la ritenzione e incentivare la spesa ripetuta. Shopify offre diverse app e integrazioni che ti permettono di implementare programmi di premi, sconti e altre strategie di fidelizzazione.

## Mobile Responsiveness:

Con l'aumento delle transazioni mobile, assicurati che il tuo negozio sia ottimizzato per i dispositivi mobili. Shopify fornisce temi responsive, ma è sempre buona pratica verificare l'usabilità e l'esperienza utente su vari dispositivi.

## Email Marketing Automatizzato:

Implementare campagne di email marketing automatizzate può aiutare a mantenere i clienti coinvolti e incrementare le vendite. Shopify si integra con varie piattaforme di email marketing, permettendo di creare email di benvenuto, carrelli abbandonati, e altre campagne automatizzate.

## Social Media Integration:

Collegare il tuo negozio Shopify ai tuoi profili social media può aiutare a costruire un seguito e dirigere il traffico verso il tuo sito. Considera di utilizzare funzionalità come i pulsanti di condivisione social e i feed di prodotti live.

## Pubblicità e Targeting:

Investire in pubblicità pay-per-click e social media advertising può essere un modo efficace per aumentare la visibilità. Utilizza il targeting per raggiungere il tuo pubblico ideale e analizza i dati per ottimizzare le campagne pubblicitarie.

## Blog e Content Marketing:

Mantenere un blog aggiornato e produrre contenuti di qualità può aiutare a migliorare il SEO e a posizionare il tuo negozio come un'autorità nel tuo settore. I contenuti utili e informativi possono anche aumentare l'engagement e condivisibilità.

## Integrazioni e App:

Shopify dispone di un vasto ecosistema di app e integrazioni. Esplora il Shopify App Store per trovare strumenti che possono migliorare le funzionalità del tuo negozio, ottimizzare le operazioni e migliorare l'esperienza del cliente.

## Analisi e Data-Driven Decisioni:

Utilizza le analisi fornite da Shopify e integra altri strumenti di analisi per prendere decisioni informate. Analizza i dati sul comportamento degli utenti, le conversioni, le fonti di traffico e altre metriche chiave.

## Strategie di Prezzo e Offerte:

Sviluppa strategie di prezzo competitive e offre promozioni stagionali, offerte limitate nel tempo e sconti per stimolare le vendite. Monitora le performance delle tue strategie promozionali e adatta di conseguenza.

## Feedback e Recensioni:

Incoraggia i clienti a lasciare feedback e recensioni. Le recensioni positive possono costruire la fiducia e incoraggiare altri acquirenti, mentre i feedback costruttivi possono offrire insight preziosi per migliorare.

Questi ulteriori aspetti forniscono una visione più profonda delle molteplici sfaccettature della gestione di un negozio Shopify, sottolineando l'importanza di un approccio olistico e attento al dettaglio.

## Ottimizzazione delle Immagini:

Le immagini sono fondamentali per un negozio online. Assicurati che le immagini dei prodotti siano di alta qualità, ben illuminate e mostrino il prodotto da diverse angolazioni. L'ottimizzazione delle immagini è anche cruciale per migliorare la velocità del sito e l'esperienza utente.

## Test e Ottimizzazione della Pagina di Atterraggio:

Le pagine di atterraggio sono la prima impressione che un cliente ha del tuo negozio. Realizza test A/B su diversi elementi delle pagine di atterraggio, come CTA, immagini e testi, per vedere quali versioni convertono di più.

## Webinars e Tutorial:

Offri webinar e tutorial che mostrano come utilizzare i tuoi prodotti. Questo non solo fornisce valore aggiunto ma anche aumenta la fiducia e l'engagement dei clienti con il tuo marchio.

## Partecipazione a Forum e Community:

Partecipa attivamente a forum, gruppi Facebook e altre community online pertinenti al tuo settore. Questo ti aiuterà a costruire relazioni, a comprendere meglio le esigenze del tuo pubblico e a promuovere il tuo negozio in modo non invasivo.

## Ricerca di Nuovi Canali di Vendita:

Esplora continuamente nuovi canali di vendita e opportunità di mercato. Questo potrebbe includere la vendita su piattaforme di terze parti, la partecipazione a mercati locali o l'espansione in nuovi mercati internazionali.

## Gestione delle Relazioni con i Fornitori:

Mantieni buone relazioni con i fornitori. Una gestione efficace delle relazioni con i fornitori può aiutarti a negoziare prezzi migliori, a garantire la qualità dei prodotti e a ridurre i tempi di consegna.

## Pianificazione delle Risorse Umane:

Man mano che il tuo negozio cresce, potresti aver bisogno di assumere più personale. Pianifica in anticipo le tue esigenze di personale e considera le opzioni di outsourcing per compiti specifici.

## Scelta delle Giuste Tecnologie:

La scelta delle giuste tecnologie è fondamentale. Considera le varie piattaforme tecnologiche, strumenti e software che possono aiutarti a gestire, monitorare e ottimizzare il tuo negozio in modo efficiente.

## Gestione del Budget e Finanze:

Mantenere le finanze in ordine è essenziale per qualsiasi impresa commerciale. Stabilisci un budget, monitora le spese, tieni traccia dei profitti e delle perdite e analizza i dati finanziari per prendere decisioni informate.

## Aspetti Legali e Conformità:

Assicurati di conoscere e adempiere a tutte le leggi e i regolamenti applicabili al tuo negozio online. Questo include le leggi sulla privacy, le norme fiscali, le leggi sui diritti dei consumatori e le norme sulla proprietà intellettuale.

## Adattamento alle Tendenze di Mercato:

Rimani sempre aggiornato sulle ultime tendenze di mercato e sul comportamento dei consumatori. L'adattamento rapido alle nuove tendenze può darti un vantaggio competitivo e aiutarti a soddisfare le aspettative dei clienti.

## Customer Journey Mapping:

Mappa il percorso del cliente dal primo contatto con il tuo marchio all'acquisto e oltre. Comprendere i punti di contatto chiave può aiutarti a migliorare l'esperienza del cliente e ad aumentare la conversione.

## Strategie di Upselling e Cross-Selling:

Implementa strategie di upselling e cross-selling per aumentare il valore medio dell'ordine. Questo può includere la mostra di prodotti correlati, offerte bundle o sconti su acquisti multipli.

Continuare a sviluppare e perfezionare ognuno di questi aspetti ti aiuterà a costruire un negozio Shopify di successo e a mantenere una presenza competitiva nel mondo dell'e-commerce.

## Posizionamento del Marchio:

Il posizionamento del tuo marchio è fondamentale per distinguerti dalla concorrenza. Rifletti su ciò che rende unico il tuo brand e su come puoi comunicare questi valori attraverso il tuo negozio online, il design, i messaggi e i prodotti stessi.

## Gestione delle Spedizioni:

La gestione delle spedizioni è un altro elemento chiave. Esplora diverse opzioni di spedizione e trova un equilibrio tra costi e tempi di consegna. Offrire spedizione gratuita o sconti su spedizioni multiple può essere un potente incentivo per i clienti.

## Responsabilità Sociale Aziendale:

Mostra l'impegno del tuo brand verso pratiche etiche e sostenibili. Questo può riguardare sia i prodotti che vendi sia le tue pratiche aziendali interne. Un brand etico può attrarre clienti con valori simili e creare lealtà.

### Servizio Clienti Eccellente:

Un servizio clienti di qualità è indispensabile per risolvere problemi e rispondere alle domande dei clienti. Valuta l'utilizzo di chat dal vivo, email, telefono e social media per fornire supporto. Un buon servizio clienti può aumentare la soddisfazione e la ritenzione.

### Promozioni Stagionali e Eventi:

Sfrutta le festività e gli eventi speciali per creare promozioni tematiche e offerte speciali. Questo non solo può aumentare le vendite, ma anche attirare nuovi clienti e mantenere il tuo negozio sempre attuale e interessante.

### Ottimizzazione Conversioni:

Monitora continuamente i tassi di conversione e individua aree di miglioramento. Testa diverse CTA, immagini, descrizioni dei prodotti e elementi della pagina del carrello per ottimizzare l'esperienza di acquisto e aumentare le conversioni.

### Formazione e Aggiornamento Continuo:

Mantieniti sempre aggiornato sulle ultime funzionalità di Shopify, sulle best practice dell'e-commerce e sulle tendenze di mercato. La formazione continua ti permetterà di sfruttare al meglio la piattaforma e di adattarti ai cambiamenti del mercato.

## Gestione dei Resi:

Una politica di reso chiara e semplice può contribuire alla soddisfazione del cliente. Gestisci i resi in modo efficiente e cerca di risolvere qualsiasi problema in modo da mantenere buone relazioni con i clienti.

## Protezione Contro le Frodi:

Implementa misure di sicurezza per proteggere il tuo negozio e i tuoi clienti contro le frodi. Shopify offre alcune funzionalità integrate, ma considera anche ulteriori strumenti e pratiche per rafforzare la sicurezza.

## Strategie di Differenziazione:

Identifica modi per differenziarti dai concorrenti. Questo può includere prodotti unici, un eccellente servizio clienti, prezzi competitivi, un'esperienza di acquisto superiore o pratiche aziendali etiche.

## Analisi del Comportamento del Cliente:

Utilizza strumenti analitici per monitorare e analizzare il comportamento dei visitatori sul tuo sito. Comprenderne le abitudini, le preferenze e i pattern di acquisto può aiutarti a personalizzare l'esperienza e a incrementare le vendite.

## Programmi di Affiliazione:

Considera di lanciare programmi di affiliazione per incentivare altre persone o aziende a promuovere il tuo negozio. Questo può aiutarti a raggiungere un pubblico più ampio e a generare traffico e vendite qualificate.

Questi ulteriori dettagli forniscono una panoramica ancora più approfondita delle varie strategie e pratiche che possono essere implementate per ottimizzare il tuo negozio Shopify e navigare con successo nel mondo dell'e-commerce.

## Personalizzazione dell'Esperienza di Acquisto:

Utilizza dati e analisi per personalizzare l'esperienza di acquisto di ogni cliente. Suggerisci prodotti correlati, offerte personalizzate e contenuti in base alla cronologia di acquisto e navigazione dell'utente.

## Risposte alle Recensioni:

Rispondere alle recensioni dei clienti, sia positive che negative, è fondamentale. Una risposta riflessiva a una recensione negativa può trasformare un'esperienza cliente insoddisfacente in un'opportunità per dimostrare un eccellente servizio clienti.

## Sviluppo di App e Plugin:

Esplora lo sviluppo di app e plugin personalizzati per migliorare la funzionalità del tuo negozio Shopify.

Questo può includere soluzioni per migliorare la SEO, gestire l'inventario o personalizzare il design del sito.

## Email Marketing Avanzato:

Sviluppa campagne di email marketing avanzate con segmentazione del pubblico, personalizzazione del contenuto e automazione. Testa diverse strategie di email marketing per trovare ciò che funziona meglio per il tuo pubblico.

## Innovazione di Prodotto:

Sii sempre alla ricerca di nuove idee di prodotto o modi per migliorare i prodotti esistenti. L'innovazione costante può aiutarti a mantenere un vantaggio competitivo e a stimolare l'interesse dei clienti.

## Esplorazione di Nuovi Segmenti di Mercato:

Ricerca e identifica nuovi segmenti di mercato che potrebbero essere interessati ai tuoi prodotti. Adatta il tuo marketing e i tuoi prodotti per soddisfare le esigenze e le preferenze di questi nuovi segmenti.

## Raccolta di Dati del Cliente:

Implementa metodi efficaci per la raccolta di dati del cliente. Utilizza questi dati per migliorare le tue strategie di marketing, ottimizzare l'esperienza del cliente e sviluppare prodotti che soddisfino le loro esigenze.

## Sostenibilità Ambientale:

Considera come puoi rendere il tuo business più sostenibile. Questo potrebbe includere l'utilizzo di materiali ecologici, la riduzione delle emissioni di carbonio e l'adozione di pratiche di produzione etiche.

## Mobile Optimization:

Assicurati che il tuo negozio online sia ottimizzato per i dispositivi mobili. Un'esperienza di acquisto mobile fluida è essenziale, dato il crescente numero di utenti che acquistano tramite smartphone e tablet.

## Networking e Partnership:

Stabilisci relazioni con altri imprenditori e marchi. Le partnership possono offrire opportunità per collaborazioni, cross-promotion e scambio di conoscenze e risorse.

## Gestione del Tempo e Produttività:

Ottimizza la gestione del tempo e la produttività attraverso l'uso di strumenti e metodologie. L'efficienza operativa è cruciale per gestire e far crescere un business di successo.

## Gestione dei Rischi:

Identifica e gestisci proattivamente i rischi associati al tuo business. Questo include rischi finanziari, operativi, di reputazione e di conformità.

## Implementazione di Chatbot:

Considera l'utilizzo di chatbot per migliorare l'assistenza clienti e la gestione delle FAQ. I chatbot possono offrire risposte immediate e aiutare a gestire le richieste dei clienti in modo efficiente.

Questi sono ulteriori suggerimenti che possono aiutarti a navigare nel panorama di Shopify e ad avere successo nel settore dell'e-commerce. Ricorda, la chiave è rimanere flessibili e pronti ad adattarsi alle mutevoli esigenze del mercato e dei clienti.

In conclusione, l'istituzione di un negozio su Shopify è un processo che va ben oltre la semplice creazione di una piattaforma di vendita online. È una pratica articolata che necessita di attenzione, dedizione e una strategia ben pianificata. Ciascuna delle aree sopra menzionate svolge un ruolo cruciale nel garantire il successo del tuo negozio.

La personalizzazione dell'esperienza di acquisto, la gestione delle recensioni, l'ottimizzazione per dispositivi mobili e l'innovazione di prodotto sono tutte componenti fondamentali per creare un rapporto duraturo con i tuoi clienti e per mantenere un vantaggio competitivo nel mercato saturato dell'e-commerce. L'integrazione di tecnologie come chatbot e l'implementazione di strategie di email marketing avanzate possono migliorare significativamente l'engagement del cliente e la conversione delle vendite.

L'esplorazione di nuovi segmenti di mercato e lo sviluppo di app e plugin personalizzati aprono nuove possibilità di crescita e diversificazione, permettendoti di adattarti alle tendenze emergenti e alle mutevoli esigenze dei consumatori. La sostenibilità ambientale e la responsabilità sociale sono diventate aspettative fondamentali dei consumatori, influenzando la loro percezione del brand e le decisioni di acquisto.

La gestione efficace del tempo, la produttività e la gestione dei rischi sono essenziali per mantenere la salute operativa del tuo negozio, mentre il networking e la formazione di partnership possono fornire supporto, risorse e opportunità di collaborazione.

Infine, la raccolta e l'analisi dei dati dei clienti ti permettono di comprendere a fondo il tuo pubblico, ottimizzare le tue strategie e offrire prodotti e servizi che soddisfano veramente le loro esigenze. Questa pratica, abbinata a un eccellente servizio clienti e a un'identità di marca forte, contribuirà a costruire la fiducia e la lealtà del cliente.

Creare un negozio su Shopify, quindi, non è solo una questione di tecnologia e vendite, ma anche di creare valore, costruire relazioni e adattarsi in modo proattivo e strategico al panorama in continua evoluzione dell'e-commerce. Attraverso l'implementazione e l'ottimizzazione continua delle strategie sopra discusse, avrai l'opportunità di posizionare il tuo negozio per un successo duraturo nel mondo digitale.

La ricerca del mercato è un elemento chiave per qualunque impresa, poiché ti permette di identificare nicchie di mercato redditizie e prodotti di tendenza che possono massimizzare i tuoi profitti. In questa fase, è essenziale essere meticolosi e approfonditi per assicurare che le decisioni siano informate e strategiche.

## Analisi dei Dati di Vendita

Uno dei metodi più efficaci per identificare prodotti di tendenza è analizzare i dati di vendita esistenti. Piattaforme come Etsy, Amazon, e eBay offrono insights sui prodotti più venduti e le categorie più popolari. Presta attenzione alle recensioni dei clienti, che possono rivelare preziose informazioni su cosa cercano le persone e su eventuali gap nel mercato.

## Trend Online e sui Social Media

Monitora i trend online attraverso piattaforme come Google Trends, che mostra la popolarità di termini di ricerca nel tempo. Anche i social media sono fondamentali per identificare i prodotti di tendenza, quindi segue hashtag pertinenti, partecipa a gruppi di discussione e osserva ciò di cui parlano gli influencer del tuo settore.

## Concorrenza e Analisi SWOT

Studia la concorrenza e conduci un'analisi SWOT (Forze, Debolezze, Opportunità, Minacce) per identificare quali sono i loro punti di forza e debolezza, e come puoi differenziarti. Analizza anche i prezzi, le strategie di marketing, e i canali di distribuzione dei tuoi concorrenti.

## Sondaggi e Questionari

Conducendo sondaggi e questionari, puoi ottenere feedback diretto dal tuo pubblico di riferimento. Questo può aiutarti a capire quali prodotti o servizi sono più richiesti, e quali sono le esigenze e aspettative dei consumatori.

## Forum e Community Online

Partecipa a forum e community online pertinenti al tuo settore. Questi sono luoghi dove le persone discutono dei loro interessi, pongono domande, e condividono consigli. Puoi raccogliere informazioni preziose sulle necessità del mercato e sui trend emergenti.

## Fiere e Eventi di Settore

Visita fiere ed eventi di settore per osservare quali sono i prodotti e i servizi esposti. Interagisci con espositori e visitatori per raccogliere informazioni e percepire l'entusiasmo intorno a determinati prodotti o tendenze.

## Test di Prodotto e Feedback

Prima di lanciare un prodotto, considera di realizzare un prototipo o un prodotto minimo vitale (MVP) e raccogli feedback da un gruppo di prova. Questo ti aiuterà a fare eventuali modifiche prima del lancio ufficiale.

## Analisi dei Dati Demografici e Psicografici

Capire chi sono i tuoi clienti è fondamentale. Analizza dati demografici e psicografici per comprendere meglio il comportamento, le preferenze e le esigenze del tuo pubblico target.

## Collaborazioni e Partnership

Stabilire collaborazioni e partnership con altre aziende può offrire insights unici sul mercato. Può anche aprire nuove opportunità di business e ampliare la tua rete di contatti nel settore.

## Ricerca di Parole Chiave e SEO

Utilizza strumenti di ricerca di parole chiave e analisi SEO per scoprire quali termini sono più cercati nel tuo settore. Questo può aiutarti a identificare nicchie di mercato e a ottimizzare la visibilità online del tuo negozio.

## Osservazione del Comportamento del Consumatore

Studiare il comportamento del consumatore, sia online che offline, ti permette di comprendere come prendono decisioni d'acquisto e cosa influisce sulle loro scelte.

Incorporando queste strategie e metodologie nella tua ricerca di mercato, sarai in grado di identificare nicchie redditizie e prodotti di tendenza, posizionando così il tuo business per il successo nel competitivo mondo dell'e-commerce.

Continuare la ricerca del mercato è un processo incessante che richiede di rimanere aggiornati sui cambiamenti nel comportamento del consumatore, sulle nuove tendenze e sull'evoluzione del mercato. Alcune strategie avanzate e considerazioni ulteriori per approfondire la ricerca includono:

## Analisi del Sentiment

Utilizza gli strumenti di analisi del sentiment per valutare le opinioni, i sentimenti e le emozioni delle persone verso un prodotto, un marchio o un servizio. Questo tipo di analisi può fornire indicazioni preziose su come i consumatori percepiscono il tuo brand e i tuoi prodotti.

## Strategie di Prezzo Dinamico

Esplora le strategie di prezzo dinamico per identificare
il punto di prezzo ottimale per i tuoi prodotti.
Monitorare i prezzi dei concorrenti e adattare i tuoi in
base alla domanda e offerta può aiutarti a
massimizzare i margini di profitto.

## Web Scraping e Big Data

Impiega tecniche di web scraping e strumenti di Big
Data per raccogliere e analizzare grandi quantità di
dati dal web. Questo può aiutarti a identificare pattern
di comportamento dei consumatori, tendenze
emergenti e opportunità di mercato non sfruttate.

## Intelligenza Artificiale e Machine Learning

Sfrutta l'intelligenza artificiale e il machine learning
per analizzare dati e prevedere tendenze future. Queste
tecnologie possono identificare correlazioni e pattern
che potrebbero non essere evidenti attraverso metodi
di analisi tradizionali.

## Monitoraggio dei Media

Mantieni un occhio sui media tradizionali e digitali per
cogliere segnali di nuove tendenze e cambiamenti nel
comportamento del consumatore. Articoli, blog,
podcast e video possono offrire spunti e insight
preziosi sulle evoluzioni del mercato.

## Networking e Gruppi Mastermind

Unisciti a reti e gruppi mastermind di professionisti del settore. Scambiare conoscenze e esperienze con altri imprenditori può fornirti una nuova prospettiva e idee innovative per identificare nicchie di mercato redditizie.

## Analisi Cross-Culturale

Esplora i mercati internazionali e condurri un'analisi cross-culturale. Comprendere le differenze culturali, i valori e le preferenze può rivelare opportunità in mercati non saturi e aiutarti a personalizzare la tua offerta per differenti pubblici.

## Sperimentazione e A/B Testing

Non sottovalutare il potere della sperimentazione. Conduci test A/B su diversi elementi del tuo negozio online, come prezzi, descrizioni di prodotti, immagini e layout, per vedere cosa funziona meglio e ottimizzare di conseguenza.

## Ricerca Accademica e Whitepapers

Consulta studi accademici, whitepapers e rapporti di settore per approfondire la tua comprensione del mercato. Queste risorse possono offrire analisi approfondite e dati di ricerca che possono informare le tue decisioni strategiche.

## Sostenibilità e Valori Etici

Tieni conto delle crescenti aspettative dei consumatori riguardo la sostenibilità e l'etica aziendale. Identifica come puoi integrare pratiche sostenibili e valori etici nel tuo business per costruire un marchio forte e responsabile.

Questi sono alcuni dei modi in cui puoi approfondire la tua ricerca del mercato, identificando opportunità uniche e creando un'offerta che risponda alle esigenze e alle aspettative dei consumatori in modo innovativo ed efficace. Ricorda, il mercato è dinamico e in continua evoluzione, quindi è essenziale rimanere proattivi e adattarsi alle nuove tendenze e opportunità.

La ricerca del mercato è un viaggio continuo e multidimensionale che richiede un impegno costante. Profondizzare ancora di più, si potrebbe considerare:

## Analisi del Ciclo di Vita del Prodotto

Studiare il ciclo di vita dei prodotti ti permetterà di anticipare le variazioni di domanda e adattare la tua offerta. Identifica in quale fase del ciclo di vita si trovano i tuoi prodotti e quelli dei tuoi concorrenti per pianificare strategie di marketing e sviluppo del prodotto.

## Partecipazione Attiva nel Settore

Assumi un ruolo attivo nel tuo settore partecipando a conferenze, seminari e workshop. Questo ti permetterà non solo di rimanere aggiornato sulle ultime tendenze, ma anche di interagire con altri professionisti e potenziali clienti, raccogliendo feedback e idee.

## Analisi delle Fluttuazioni Stagionali

Esamina le fluttuazioni stagionali nella domanda di prodotti specifici. Questo ti aiuterà a pianificare la produzione, la gestione delle scorte e le campagne promozionali in modo più efficace, ottimizzando le vendite durante i picchi di domanda.

## Sondaggi di Soddisfazione del Cliente

Effettua regolarmente sondaggi di soddisfazione del cliente per valutare la qualità dei tuoi prodotti e servizi. Questo ti fornirà dati preziosi per migliorare l'offerta e aumentare la fedeltà del cliente.

## Monitoraggio dei Brevetti

Tieni d'occhio i nuovi brevetti nel tuo settore per scoprire innovazioni e tecnologie emergenti. Questo ti potrebbe dare un vantaggio competitivo, permettendoti di adattare i tuoi prodotti e servizi a nuove opportunità di mercato.

## Programmi di Loyalty e Fidelizzazione

Esplora l'implementazione di programmi di loyalty per incentivare i clienti a tornare. Analizza i dati raccolti da questi programmi per identificare i comportamenti di acquisto e personalizzare le offerte.

## Collegamenti con Istituti di Ricerca

Stabilisci collegamenti con università e istituti di ricerca. Collaborare con esperti del settore e studenti può portare a nuove idee, ricerche di mercato approfondite e sviluppo di prodotto.

## Scouting Tecnologico

Mantieniti aggiornato sulle ultime tecnologie e valuta come possono essere applicate al tuo business. L'adozione di nuove tecnologie può migliorare l'efficienza operativa, l'esperienza del cliente e creare nuovi vantaggi competitivi.

## Esplorazione di Nuovi Canali di Vendita

Considera la possibilità di esplorare nuovi canali di vendita, sia online che offline. Analizza la performance attraverso diversi canali per identificare quelli più efficaci per il tuo target di mercato.

## Valutazione dell'Impatto Economico

Studia l'andamento dell'economia a livello locale, nazionale e globale. Eventi economici, come recessioni o boom economici, possono influenzare la domanda dei consumatori e richiedere aggiustamenti nella strategia di business.

## Analisi Geografica e Locale

Approfondisci le differenze nelle preferenze e nei comportamenti dei consumatori in diverse aree geografiche. Personalizzare l'offerta in base alle esigenze locali può essere un fattore chiave per il successo in diversi mercati.

Questi ulteriori strumenti e strategie possono offrirti una visione ancora più completa e dettagliata del mercato, permettendoti di adattare il tuo business alle sfide in continua evoluzione del mondo dell'e-commerce e di mantenere un vantaggio competitivo.

Concludendo, la ricerca del mercato è un elemento cardine per chiunque aspiri a guadagnare nel mondo dell'e-commerce attraverso piattaforme come Etsy e Shopify. E' attraverso questa pratica meticolosa e stratificata che gli imprenditori sono in grado di identificare nicchie di mercato redditizie, anticipare le tendenze dei consumatori, e posizionare strategicamente i loro prodotti per massimizzare i profitti.

La multidimensionalità della ricerca del mercato richiede un approccio olistico. Dall'analisi del sentiment alla valutazione dell'impatto economico, ogni strumento e strategia contribuisce a costruire un quadro dettagliato del mercato, permettendo agli imprenditori di navigare con successo nel dinamico panorama dell'e-commerce. La personalizzazione dell'offerta in base alle esigenze locali e alle preferenze dei consumatori può essere un fattore chiave per il successo in diversi mercati e per diversi segmenti di clientela.

Il monitoraggio costante dei media, la partecipazione attiva nel settore, e l'adozione di nuove tecnologie sono pratiche essenziali che permettono di rimanere aggiornati e pronti ad adattarsi ai cambiamenti. Mantenere relazioni con università e istituti di ricerca, esplorare nuovi canali di vendita, e implementare programmi di loyalty, sono altresì strategie vantaggiose che possono portare a una maggiore fedeltà del cliente e all'identificazione di nuove opportunità di business.

La sperimentazione e l'A/B testing sono essenziali per ottimizzare l'esperienza del cliente e migliorare la conversione, mentre lo studio dei brevetti e lo scouting tecnologico possono aprire le porte a innovazioni rivoluzionarie, creando nuovi vantaggi competitivi.

Infine, è fondamentale comprendere che la ricerca del mercato non è un'attività statica o isolata. Essa è, invece, un processo continuo e dinamico, che richiede un impegno costante, un'analisi approfondita, e la capacità di reagire prontamente alle nuove sfide e opportunità. La chiave del successo risiede nella capacità di interpretare i dati raccolti, nell'applicare le intuizioni ottenute, e nell'innovare costantemente per soddisfare le crescenti aspettative dei consumatori in un mercato sempre più competitivo e in evoluzione.

5. Fornitori e Produzione • Trovare e lavorare con fornitori affidabili.

Lavorare con fornitori affidabili è essenziale per garantire la qualità dei prodotti e la soddisfazione dei clienti. La scelta dei fornitori e la gestione della produzione sono passaggi fondamentali nel processo di creazione di un business di successo.

## Identificazione dei Fornitori

Per identificare i fornitori, è importante condurre ricerche approfondite, partecipare a fiere del settore, utilizzare piattaforme online come Alibaba, e chiedere referenze ad altri imprenditori. Valuta la reputazione dei fornitori, leggi le recensioni, e non esitare a richiedere campioni dei prodotti.

## Negoziazione dei Termini

Una volta identificati i fornitori potenziali, è cruciale negoziare i termini contrattuali. Discuti prezzi, tempi di consegna, condizioni di pagamento, e politiche di reso. Una buona negoziazione può portare a condizioni favorevoli che influenzeranno positivamente la tua linea di fondo.

## Controllo Qualità

Il controllo qualità è un elemento chiave. Stabilisci standard di qualità chiari e realistici con il fornitore e assicurati che siano rispettati. Eseguire ispezioni regolari e test dei prodotti è essenziale per mantenere la fiducia dei clienti.

## Gestione dell'Inventario

Gestire efficacemente l'inventario è fondamentale per evitare sovrascorte o rotture di stock. Implementa un sistema di gestione dell'inventario che ti permetta di monitorare le scorte in tempo reale e di effettuare ordini in modo tempestivo.

## Relazioni a Lungo Termine

Costruire relazioni solide e a lungo termine con i fornitori può portare a benefici reciproci. Una buona relazione può risultare in termini di pagamento più favorevoli, priorità nelle consegne e accesso a prodotti e informazioni esclusive.

## Diversificazione dei Fornitori

È prudente non dipendere da un unico fornitore.
Diversificare i fornitori riduce i rischi associati a ritardi
nelle consegne, problemi di qualità o altre
complicazioni. Avere più opzioni ti permette anche di
negoziare condizioni migliori.

## Produzione Sostenibile e Etica

Considera la sostenibilità e l'etica nella scelta dei
fornitori. Lavorare con aziende che rispettano
l'ambiente e i diritti dei lavoratori non solo è
eticamente giusto, ma può anche migliorare la
reputazione del tuo brand.

## Adattabilità e Innovazione

Lavora con fornitori che mostrano adattabilità e un
atteggiamento innovativo. Questo ti permetterà di
rimanere competitivo, di adattare i tuoi prodotti alle
tendenze del mercato e di rispondere alle esigenze in
evoluzione dei clienti.

## Documentazione e Comunicazione

Mantieni una comunicazione aperta e regolare con i
fornitori e assicurati che tutti gli accordi siano
documentati per evitare malintesi. Una comunicazione
efficace è essenziale per risolvere rapidamente
eventuali problemi che possono sorgere.

## Analisi dei Costi e Ottimizzazione

Effettua regolarmente un'analisi dei costi di produzione e lavora con i fornitori per identificare aree di ottimizzazione. Questo può includere la ricerca di materiali alternativi, l'ottimizzazione dei processi di produzione o la riduzione dei costi di spedizione.

Questi sono solo alcuni dei passaggi e delle considerazioni che dovresti avere quando si tratta di lavorare con fornitori e gestire la produzione. Il tempo e lo sforzo investiti in questa fase ti aiuteranno a costruire un'impresa resiliente e di successo.

Affrontare il tema dei fornitori e della produzione richiede un'attenzione particolare alla valutazione di ogni aspetto operativo e strategico. L'importanza della trasparenza, per esempio, è un aspetto critico quando si interagisce con i fornitori. Assicurarsi che tutte le parti siano sulla stessa lunghezza d'onda in merito a aspettative e standard può prevenire conflitti futuri e garantire una collaborazione proficua.

Inoltre, è utile considerare la prospettiva del fornitore nell'instaurare la relazione. Comprendere le sfide, le esigenze e le priorità dei fornitori può aiutare a costruire una partnership equilibrata, dove entrambe le parti sono motivate a collaborare per il successo reciproco. La co-creazione di valore può essere un pilastro fondamentale in una relazione fornitore-imprenditore.

La formazione di un comitato di revisione periodica tra te e il fornitore può essere uno strumento efficace per valutare le prestazioni, identificare le aree di miglioramento e rafforzare la partnership. Le recensioni regolari possono aiutare a mantenere elevati standard di qualità e a garantire che entrambe le parti siano allineate agli obiettivi.

Inoltre, esplorare opportunità di integrazione tecnologica con i fornitori può portare a maggiore efficienza. Ad esempio, l'implementazione di sistemi ERP condivisi può facilitare la gestione degli ordini, il monitoraggio dell'inventario e la fatturazione, riducendo gli errori e migliorando la reattività.

Un altro aspetto importante è il rispetto dei tempi di pagamento. Pagare i fornitori tempestivamente non solo è una pratica etica, ma contribuisce anche a costruire una relazione di fiducia e a garantire la stabilità della supply chain. Inoltre, può aprire la possibilità di negoziare sconti e condizioni di pagamento più vantaggiose in futuro.

Il rischio di cambio è un altro elemento da considerare, specialmente se si lavora con fornitori internazionali. Implementare strategie di copertura può aiutare a mitigare il rischio associato alle fluttuazioni dei tassi di cambio e a proteggere i margini di profitto.

Non meno importante è la gestione dei rischi legati alla supply chain. Sviluppare piani di contingenza e strategie di gestione dei rischi può aiutare a prevenire interruzioni e a garantire la continuità operativa. Questo può includere l'identificazione di fornitori alternativi, la diversificazione delle fonti di approvvigionamento e l'implementazione di pratiche di gestione dei rischi a livello di supply chain.

Infine, considera l'importanza dell'impatto sociale e ambientale nella scelta dei fornitori. Promuovere pratiche di approvvigionamento responsabile e sostenibile non solo migliora l'immagine del marchio, ma contribuisce anche a creare un impatto positivo nella comunità e nell'ambiente.

Queste riflessioni e strategie sono essenziali per navigare nel complesso e dinamico mondo dei fornitori e della produzione, garantendo che ogni passo sia calibrato per massimizzare la qualità, l'efficienza e la sostenibilità nel lungo termine.

Approfondendo ulteriormente, un elemento che richiede la tua attenzione è creare una relazione simbiotica con i fornitori. È importante considerare i fornitori come estensioni della tua attività. Coinvolgerli nei tuoi obiettivi, strategie e sfide aziendali può favorire un senso di partenariato e obiettivi condivisi. Dialoghi regolari e forum di coinvolgimento dei fornitori possono facilitare la reciproca comprensione e l'allineamento delle priorità.

Inoltre, investire tempo nel comprendere il contesto locale, le normative e la cultura aziendale del fornitore può favorire il rispetto reciproco e facilitare interazioni più fluide. Essere a conoscenza delle sfumature culturali, degli stili di comunicazione e delle etichette aziendali può contribuire a costruire una relazione armoniosa e produttiva.

È anche prudente rimanere aggiornati sulle dinamiche di mercato e le tendenze del settore che potrebbero influire sull'ambiente operativo del fornitore. La consapevolezza dei cambiamenti nei prezzi delle materie prime, dei cambiamenti normativi e delle tendenze economiche può aiutarti ad anticipare potenziali sfide e trovare soluzioni in modo collaborativo.

Sfruttare la tecnologia per una migliore collaborazione è un altro aspetto da sottolineare. Utilizzare piattaforme digitali per comunicazioni in tempo reale, condivisione di dati e risoluzione collaborativa dei problemi può migliorare l'efficienza e la reattività della relazione. Tecnologie come la blockchain possono essere esplorate per migliorare la trasparenza e la tracciabilità nella catena di approvvigionamento.

Un altro punto cardine è il miglioramento continuo e l'innovazione. Incoraggiare i fornitori a investire in ricerca e sviluppo e innovazione può portare a miglioramenti del prodotto, riduzioni dei costi e vantaggi competitivi. Esplorare congiuntamente opportunità per ottimizzare i processi, ridurre gli sprechi e migliorare l'efficienza energetica può contribuire alla sostenibilità e alla redditività.

Inoltre, prendi in considerazione l'integrazione di iniziative di Responsabilità Sociale d'Impresa (CSR) nelle tue relazioni con i fornitori. Incoraggiare e sostenere i fornitori nell'adozione di pratiche etiche, sviluppo della comunità e conservazione ambientale può migliorare la reputazione del tuo marchio e contribuire al benessere della società.

Affrontare l'importanza della protezione della proprietà intellettuale è fondamentale. Accordi chiari sui diritti di proprietà intellettuale, sulla riservatezza e sulla protezione dei dati possono prevenire controversie e salvaguardare gli interessi di entrambe le parti. Audit regolari e controlli di conformità possono garantire l'aderenza agli standard e alle normative concordate.

Un'altra strategia degna di nota è incoraggiare lo sviluppo e il potenziamento dei fornitori. Investire in programmi di formazione, sessioni di condivisione della conoscenza e iniziative di sviluppo delle competenze può migliorare le capacità e le prestazioni dei fornitori. Un fornitore ben equipaggiato e competente è più propenso a fornire prodotti e servizi di alta qualità in modo costante.

La pianificazione di contingenza è anche cruciale per affrontare incertezze e interruzioni. Sviluppare e aggiornare regolarmente piani di contingenza può aiutare a riprendersi rapidamente e mantenere la continuità operativa in caso di eventi imprevisti. Ciò include l'identificazione di fornitori di riserva, il mantenimento di livelli di stock di sicurezza e l'avere protocolli di comunicazione chiari durante le emergenze.

Concludendo, la selezione e la gestione di fornitori e produttori è un'attività complessa che richiede un'attenzione particolare. Creare relazioni solide e affidabili con i fornitori è fondamentale per garantire la qualità, la tempestività e l'affidabilità dei prodotti che saranno venduti nel tuo negozio, sia esso su Etsy o Shopify.

È essenziale mantenere una comunicazione aperta e costante con i fornitori, affrontando qualsiasi potenziale problema o inconveniente prima che diventi un ostacolo insormontabile. Una collaborazione efficace può portare a un miglioramento della qualità dei prodotti, a una maggiore efficienza nella produzione e alla possibilità di adattarsi rapidamente alle esigenze del mercato in continua evoluzione.

L'implementazione di tecnologie avanzate e l'adozione di pratiche innovative possono contribuire notevolmente a migliorare la catena di approvvigionamento. Esplorare soluzioni come la blockchain per garantire trasparenza e tracciabilità, ad esempio, può offrire un vantaggio competitivo e rafforzare la fiducia dei clienti.

Inoltre, l'attenzione alle questioni etiche e ambientali è ormai indispensabile. Lavorare con fornitori che condividono i tuoi valori e che sono impegnati in pratiche sostenibili ed etiche non solo migliorerà la reputazione del tuo brand, ma contribuirà anche a creare un impatto positivo sulla comunità e sull'ambiente.

Infine, la pianificazione di contingenza e la preparazione per eventuali interruzioni o imprevisti sono cruciali per mantenere la stabilità e la continuità dell'attività commerciale. Avere piani e protocolli ben definiti ti permetterà di affrontare con calma e efficacia le sfide che potrebbero presentarsi lungo il percorso.

In sintesi, il lavoro con fornitori e produttori va ben oltre la semplice acquisto di merci. Richiede una strategia ben pianificata, un impegno costante per il miglioramento e l'innovazione, e una visione etica e sostenibile. Solo attraverso una collaborazione stretta e costruttiva, basata sulla fiducia e sul rispetto reciproco, sarà possibile costruire una base solida per il successo del tuo negozio online.

6. Branding e Design • Creare un brand e un design accattivante per il tuo negozio.

La creazione di un brand e un design accattivante per il tuo negozio online è un elemento essenziale per distinguersi nel mercato digitale. Questo processo implica una serie di aspetti chiave, tra cui l'identità del marchio, la scelta del colore, la tipografia, il logo, le immagini e la user experience.

1. **Identità del Marchio:** L'identità del tuo marchio è il nucleo della tua comunicazione. Riflette i valori, la missione, la visione e la personalità del tuo brand. È essenziale che questa identità sia coerente in tutte le piattaforme, come Etsy, Shopify, Instagram, e altri social media, per costruire una presenza solida e riconoscibile.

2. **Scelta del Colore:** I colori possono evocare emozioni e influenzare le decisioni d'acquisto. È importante scegliere una palette di colori che rappresenti il tuo brand e che attragga il tuo pubblico target. Considera i colori che

comunichino i valori del tuo marchio e che siano armoniosi tra loro.

3. **Tipografia:** Il carattere tipografico che scegli comunica molto sulla personalità del tuo brand. È importante che sia leggibile, adatto al tuo settore e consistente in tutti i materiali di marketing. L'uso coerente della tipografia contribuirà a rafforzare l'identità del tuo brand.

4. **Logo:** Il logo è spesso la prima cosa che le persone associano al tuo brand. Deve essere unico, memorabile e facilmente riconoscibile. Un buon logo può contribuire a costruire la fiducia del cliente e a migliorare la visibilità del brand.

5. **Immagini e Grafica:** Le immagini e la grafica che usi devono essere di alta qualità e raffigurare accuratamente i tuoi prodotti. Queste immagini devono anche essere coerenti con l'identità del tuo brand e ottimizzate per differenti piattaforme.

6. **User Experience (UX):** Una buona user experience è fondamentale per il successo del tuo negozio online. Il design del sito dovrebbe essere intuitivo, le informazioni facili da trovare e il processo d'acquisto semplice e sicuro. Una UX ottimizzata contribuirà a ridurre il tasso di abbandono del carrello e aumentare le conversioni.

7. **Storytelling del Brand:** Racconta la storia del tuo brand in modo coinvolgente. Questo può includere la tua missione, i valori, come e perché hai iniziato. Una buona storia può creare un legame emotivo con i clienti e aumentare la lealtà al brand.

8. **Consistenza del Branding:** Assicurati che il branding sia consistente su tutte le piattaforme e i punti di contatto con il cliente. Questo rafforzerà l'identità del tuo brand e contribuirà a costruire una presenza omogenea online.

9. **Ricerca e Analisi:** Condurre ricerche di mercato per comprendere cosa attrae il tuo pubblico target e analizzare i concorrenti per trovare ispirazione e identificare opportunità possono essere passaggi chiave nella creazione del tuo brand e design.

10. **Feedback e Adattamento:** Infine, raccogli feedback dai clienti e sii pronto ad adattare il tuo branding in base ai cambiamenti del mercato e alle preferenze dei consumatori. Essere flessibili e reattivi ti aiuterà a mantenere il tuo brand rilevante e apprezzato.

Nel delineare ulteriormente il tuo brand e design, è essenziale approfondire diversi aspetti che contribuiscono a formare un'immagine di marca solida e distintiva. Un marchio forte non è solo riconoscibile, ma evoca anche sensazioni, emozioni e percezioni positive nel pubblico.

**Posizionamento del Marchio:** Il posizionamento del marchio riguarda il modo in cui desideri che il tuo brand sia percepito nel mercato e nella mente dei consumatori. Definisci chiaramente cosa rende unico il tuo brand, quali sono i suoi punti di forza e quali valori vuoi trasmettere. Il posizionamento influenzerà tutte le tue decisioni di marketing e comunicazione, quindi è fondamentale averlo chiaro fin dall'inizio.

**Voce del Marchio:** La voce del marchio è lo stile e il tono che usi nella comunicazione. Che sia amichevole, professionale, informale, o autoritario, la voce del marchio deve essere coerente in tutti i canali di comunicazione. Questo aiuterà a creare una connessione emotiva con il pubblico e a rafforzare la personalità del brand.

**Personalizzazione:** Oggi, i consumatori desiderano esperienze personalizzate. Considera come puoi personalizzare il tuo negozio e i tuoi prodotti per soddisfare le esigenze e le aspettative specifiche del tuo pubblico. Questo potrebbe includere opzioni di personalizzazione del prodotto, raccomandazioni personalizzate, e messaggi di marketing mirati.

**Packaging:** Il packaging è un'estensione del tuo brand. Un packaging accattivante e di alta qualità può migliorare la percezione del valore del prodotto e aumentare l'esperienza complessiva del cliente. Considera anche come il packaging può essere sostenibile e riflettere i valori ecologici del tuo brand.

**Responsabilità Sociale:** Un impegno verso la responsabilità sociale e la sostenibilità può elevare l'immagine del tuo brand. I consumatori sono sempre più consapevoli delle questioni sociali e ambientali e tendono a preferire marchi che si impegnano attivamente per fare la differenza.

**Integrazione dei Social Media:** L'integrazione tra il tuo negozio online e i social media è cruciale. Utilizza piattaforme come Instagram, Facebook, e Pinterest per promuovere il tuo brand, mostrare i tuoi prodotti, e interagire con i clienti. Ogni piattaforma ha un pubblico e uno stile diverso, quindi adatta il tuo approccio di conseguenza.

**SEO e Visibilità Online:** La Search Engine Optimization (SEO) è fondamentale per aumentare la visibilità del tuo negozio online. Utilizza parole chiave rilevanti, ottimizza le descrizioni dei prodotti e lavora sulla costruzione di link per migliorare il posizionamento del tuo sito sui motori di ricerca.

**Analisi dei Dati e Ottimizzazione:** Monitorare e analizzare i dati delle prestazioni del tuo negozio ti aiuterà a comprendere cosa funziona e cosa no. Utilizza strumenti di analisi per tracciare le visite, le conversioni, e il comportamento degli utenti. Questi dati sono preziosi per ottimizzare il tuo sito, migliorare l'esperienza utente e incrementare le vendite.

**Relazione con i Clienti:** Costruire relazioni positive con i clienti è essenziale per la fedeltà del marchio e il passaparola. Offri un eccellente servizio clienti, rispondi rapidamente alle domande, risolvi i problemi in modo proattivo e cerca feedback per migliorare.

Tutti questi elementi, se attentamente curati e integrati, contribuiranno a creare un brand forte, distintivo e apprezzato, capace di attrarre e fidelizzare i clienti nel lungo termine. Ricorda, il branding va oltre il logo e i colori; è l'esperienza complessiva che offri ai tuoi clienti ad ogni interazione con il tuo marchio.

Nel continuare a sviluppare il branding e il design per il tuo negozio online, è fondamentale tenere presente che ogni dettaglio comunica un messaggio al tuo pubblico. L'attenzione alla coerenza, all'originalità e alla qualità sono elementi chiave per stabilire una presenza distintiva nel mercato.

**Coerenza Multicanale:** Mantieni una coerenza di brand su tutte le piattaforme e i canali di vendita. Che si tratti del tuo sito web, del tuo negozio su Etsy o

Shopify, o delle tue pagine sui social media, ogni elemento deve essere allineato con l'identità del tuo brand. Questa coerenza rafforza il riconoscimento del marchio e crea un'esperienza omogenea per i clienti.

**Valorizzazione dei Punti di Forza:** Metti in evidenza ciò che rende unico il tuo brand. Che si tratti di un design innovativo, di un'etica di produzione sostenibile, o di un servizio clienti eccezionale, comunicare chiaramente i tuoi punti di forza aiuterà a differenziarti dalla concorrenza.

**Elementi di Fiducia:** Incorpora elementi che instaurino fiducia, come testimonianze di clienti, recensioni dei prodotti, e sigilli di sicurezza. La fiducia è fondamentale per incentivare gli acquisti, specialmente online dove i clienti non possono vedere fisicamente il prodotto.

**Design Responsive:** Assicurati che il design del tuo sito sia responsive, ovvero ottimizzato per diversi dispositivi come smartphone, tablet e desktop. Un design responsive migliora l'usabilità e l'esperienza utente, influenzando positivamente la percezione del tuo brand.

**Strategia di Contenuti:** Sviluppa una strategia di contenuti che valorizzi il tuo brand. Creare contenuti interessanti e pertinenti, come blog, video, e post sui social media, non solo aiuta a migliorare la SEO, ma anche a stabilire una connessione con il tuo pubblico.

**Interazione e Community:** Crea opportunità per l'interazione e la costruzione di una community attorno al tuo brand. Questo potrebbe includere forum, gruppi di discussione, o eventi virtuali. Una community attiva e coinvolta può diventare un potente strumento di marketing attraverso il passaparola.

**Identificazione delle Tendenze:** Rimani aggiornato sulle tendenze di design e marketing. Adattare il tuo brand alle evoluzioni del mercato ti permetterà di mantenere la tua immagine fresca e rilevante, attirando nuovi clienti e mantenendo l'interesse dei clienti attuali.

**Feedback e Iterazione:** La raccolta e l'analisi del feedback dei clienti sono fondamentali per il miglioramento continuo. Essere aperti alle critiche e pronti a fare aggiustamenti in base ai bisogni e ai desideri dei clienti contribuirà a mantenere il tuo brand competitivo.

**Investimento nella Qualità:** Non scendere a compromessi sulla qualità, sia che si tratti della qualità dei prodotti, del design del sito, o della comunicazione. Un brand che è sinonimo di qualità creerà una reputazione positiva e duratura nel tempo.

**Valore Aggiunto:** Considera come puoi offrire valore aggiunto ai tuoi clienti. Che si tratti di contenuti educativi, di offerte esclusive, o di programmi di fedeltà, fornire qualcosa in più può aumentare la soddisfazione del cliente e la lealtà al brand.

Ricorda, la costruzione del brand è un processo continuo e dinamico. È importante essere proattivi, ascoltare il mercato e i clienti, e essere pronti ad adattarsi e innovare. Un brand forte e distintivo sarà il tuo alleato più prezioso nel conquistare e mantenere la clientela nel mondo digitale.

Nel prosieguo del viaggio nella creazione di un brand e un design accattivante, esaminiamo ulteriori aspetti e strategie che possono arricchire la tua presenza online e distinguerti nel mercato digitale.

**Storia del Brand:** Narrare la storia del tuo brand, i valori fondamentali, le motivazioni e le ispirazioni che stanno dietro la tua azienda può creare un legame emotivo con i clienti. Questa connessione può rafforzare la lealtà del cliente e creare un senso di appartenenza.

**Immagine e Fotografia:** Le immagini e le fotografie che scegli per rappresentare il tuo brand devono essere di alta qualità e rispecchiare l'essenza del tuo marchio. L'utilizzo di immagini coerenti e accattivanti può aumentare l'attrattiva e la professionalità del tuo negozio online.

**Colori e Tipografia:** La scelta dei colori e dei caratteri tipografici è cruciale nella creazione di

un'identità visiva distintiva. I colori evocano emozioni
e sentimenti, mentre la tipografia può influenzare la
leggibilità e l'impatto del tuo messaggio.

**Packaging e Presentazione:** Non sottovalutare
l'importanza del packaging e della presentazione dei
tuoi prodotti. Un packaging ben progettato e distintivo
può migliorare l'esperienza di unboxing, lasciare una
forte impressione e incentivare la condivisione sui
social media.

**Customer Journey:** Mappa e ottimizza il percorso
che i clienti intraprendono dal primo contatto con il
tuo brand fino all'acquisto e oltre. Una customer
journey fluida e intuitiva può migliorare la
soddisfazione del cliente e aumentare le probabilità di
conversione e ritorno.

**Analisi dei Dati:** Utilizza strumenti di analisi dei dati
per monitorare le interazioni dei visitatori con il tuo
sito e i tuoi canali social. Queste informazioni ti
permetteranno di identificare punti di forza e aree di
miglioramento nel tuo branding e design.

**Posizionamento del Brand:** Definisci chiaramente
il posizionamento del tuo brand nel mercato. Che tu
stia puntando a un segmento di lusso, eco-friendly, o
economico, il tuo design e la tua comunicazione
devono riflettere e rafforzare questo posizionamento.

**Esperienza Utente (UX) e Interfaccia Utente (UI):** Investi nella progettazione di un'esperienza utente eccellente e di un'interfaccia utente intuitiva. Una navigazione facile, pagine di prodotto informative e processi di acquisto semplificati possono fare la differenza nella conversione dei visitatori in clienti.

**Collaborazioni e Partnership:** Esplora opportunità di collaborazione con altri brand, influencer e creatori di contenuti. Queste partnership possono aumentare la visibilità del tuo brand, arricchire il tuo portafoglio prodotti e attirare nuovi segmenti di clientela.

**Promozione Creativa:** Pensa fuori dagli schemi quando si tratta di promuovere il tuo brand. Campagne pubblicitarie creative, eventi virtuali unici e iniziative di guerrilla marketing possono generare buzz e attirare l'attenzione dei media e dei consumatori.

Questi sono solo alcuni dei molteplici aspetti e strategie da considerare nel costruire e mantenere un brand e un design accattivante nel mondo dell'e-commerce. Ricorda sempre di restare fedele alla tua visione, di ascoltare il tuo pubblico e di essere disposto a evolvere e adattarti alle sfide del mercato.

Concludendo, la creazione di un brand e di un design accattivante non è solo una questione estetica, ma rappresenta il cuore pulsante della tua identità aziendale nel mondo digitale. Questo aspetto è fondamentale nel determinare come i clienti percepiscono il tuo marchio e interagiscono con esso. Dalla storia del brand all'esperienza utente, ogni dettaglio contribuisce a definire il tuo spazio nel mercato e a differenziarti dalla concorrenza.

1. **Riflessione Strategica:** Ogni decisione legata al branding e al design deve essere frutto di una riflessione strategica. La coerenza tra la visione del tuo brand, i valori che rappresenta e il modo in cui questi vengono comunicati visivamente è essenziale per creare una connessione profonda e duratura con il tuo pubblico.

2. **Feedback e Adattamento:** Rimani sempre aperto ai feedback dei tuoi clienti e sii pronto ad adattare il tuo approccio in base alle loro esigenze e aspettative. L'evoluzione e la capacità di rispondere in modo agile alle tendenze del mercato possono essere determinanti per il successo a lungo termine.

3. **Integrazione Multicanale:** Garantire un'immagine di marca coesa su tutte le piattaforme è cruciale. Che si tratti del tuo sito web, dei social media o della packaging, l'integrazione multicanale del tuo design aiuterà a costruire un'immagine di marca solida e riconoscibile.

4. **Innovazione e Creatività:** In un mercato sempre più saturato, l'innovazione e la creatività

sono chiavi. Sperimentare nuovi modi di presentare il tuo brand, mantenendo al contempo coerenza e autenticità, può aiutarti a emergere e a catturare l'attenzione.

5. **Misurazione dei Risultati:** Impostare KPI (Key Performance Indicators) e utilizzare strumenti di analisi dei dati per valutare l'efficacia delle tue strategie di branding e design è fondamentale. Questo ti permetterà di apportare miglioramenti mirati e di massimizzare il ROI (Return on Investment).

6. **Sviluppo Sostenibile:** Considera il ruolo della sostenibilità nel tuo branding. Un'immagine di marca eco-responsabile può non solo attrarre un pubblico più ampio, ma anche contribuire a costruire un mondo migliore.

In definitiva, il branding e il design sono elementi vitali che vanno ben oltre il logo e il colore del tuo sito. Essi incarnano l'anima del tuo marchio e influenzano ogni interazione con i clienti. Tramite un approccio olistico, riflettendo su ogni aspetto e adattandoti in modo proattivo, puoi costruire un brand solido, distintivo e amato dal tuo pubblico. Ricorda, il successo in questo campo non è un traguardo, ma un percorso costante di crescita e apprendimento.

7. SEO per Etsy • Ottimizzazione del negozio e dei prodotti per i motori di ricerca.

La SEO (Search Engine Optimization) è un elemento cruciale per chiunque operi nel mondo online, e Etsy non fa eccezione. Ottimizzare il tuo negozio e i tuoi prodotti per i motori di ricerca può significativamente aumentare la visibilità e, di conseguenza, le vendite. Ecco alcuni aspetti che è importante considerare:

**1. Parole Chiave:** Identifica le parole chiave pertinenti al tuo negozio e ai tuoi prodotti. Strumenti come Google Keyword Planner o Ubersuggest possono aiutarti a trovare termini di ricerca popolari e pertinenti. Una volta identificate, includi queste parole chiave nei titoli dei prodotti, nelle descrizioni, nei tag e nelle categorie.

**2. Titoli dei Prodotti:** Il titolo è uno degli elementi più importanti per la SEO su Etsy. Dovrebbe essere chiaro, descrittivo e contenere le principali parole chiave. Non dimenticare che il titolo deve essere anche accattivante per i potenziali clienti.

**3. Descrizioni dei Prodotti:** Le descrizioni devono essere dettagliate e informative, fornendo tutte le informazioni necessarie al cliente. Includi le parole chiave, ma in modo naturale, e rispondi alle possibili domande che un cliente potrebbe avere sul prodotto.

**4. Tags e Categorie:** Utilizza tags pertinenti e posiziona i tuoi prodotti nelle categorie giuste. Questo aiuterà Etsy a capire di cosa si tratta e a mostrare i tuoi articoli alle persone giuste.

**5. Immagini di Qualità:** Le immagini non influenzano direttamente la SEO, ma immagini chiare e di alta qualità possono aumentare il tasso di conversione, migliorando indirettamente la tua posizione nei risultati di ricerca.

**6. Prezzi Competitivi:** Anche se non strettamente legato alla SEO, offrire prezzi competitivi può aumentare le vendite e migliorare la posizione del tuo negozio nei risultati di ricerca di Etsy.

**7. Recensioni Positive:** Le recensioni positive possono influenzare la visibilità del tuo negozio. Fornire un ottimo servizio clienti e prodotti di qualità può aiutarti a ottenere valutazioni positive, che a loro volta migliorano la SEO.

**8. Spedizioni e Tempi di Consegna:** Una spedizione rapida e affidabile può migliorare l'esperienza del cliente e portare a recensioni positive, influenzando positivamente la tua visibilità su Etsy.

**9. Risposta ai Messaggi:** Rispondere tempestivamente ai messaggi dei clienti e risolvere eventuali problemi può contribuire a costruire una buona reputazione e influenzare positivamente la SEO.

**10. Promozioni e Offerte:** Le promozioni temporanee e le offerte speciali possono aumentare il traffico verso il tuo negozio, migliorando la visibilità e contribuendo a una migliore posizione nei risultati di ricerca.

**11. Analisi delle Performance:** Monitora regolarmente le prestazioni del tuo negozio attraverso le statistiche fornite da Etsy. Analizza quali prodotti ricevono più visualizzazioni e adatta la tua strategia SEO di conseguenza.

Investire tempo ed energie nell'ottimizzazione SEO del tuo negozio Etsy è fondamentale per garantirti una presenza solida nella piattaforma e attrarre un flusso costante di clienti. Attraverso l'applicazione consapevole di queste strategie, potrai aumentare la visibilità dei tuoi prodotti, migliorare l'esperienza del cliente e, in ultima analisi, incrementare le vendite.

Assicurarsi che il tuo negozio Etsy sia ottimizzato per i motori di ricerca è un processo in continua evoluzione, che richiede attenzione e aggiustamenti regolari. Ecco ulteriori aspetti da considerare:

**12. Aggiornamenti Regolari:** Aggiorna regolarmente il tuo negozio e i tuoi elenchi di prodotti. Gli aggiornamenti frequenti indicano ai motori di ricerca che il tuo negozio è attivo e pertinente, il che può migliorare il posizionamento nei risultati di ricerca.

**13. Partecipazione alla Community:** Partecipare attivamente alla community di Etsy, interagendo con altri venditori e partecipando ai forum, può aumentare la visibilità del tuo negozio e aiutare a costruire relazioni positive con altri utenti della piattaforma.

**14. Utilizzo dei Social Media:** Promuovere il tuo negozio e i tuoi prodotti attraverso i social media può aiutare a generare traffico e a migliorare il posizionamento nei motori di ricerca. Assicurati di utilizzare le parole chiave pertinenti anche nei tuoi post sui social media.

**15. Backlinking:** Ottenere backlink da siti web di qualità può migliorare la reputazione del tuo negozio online e influenzare positivamente il posizionamento nei motori di ricerca. Considera di collaborare con blogger e influencer del tuo settore.

**16. Monitoraggio delle Tendenze:** Mantenere un occhio sulle tendenze del mercato e aggiornare di conseguenza i tuoi prodotti e le descrizioni può aiutare a mantenere alta la rilevanza del tuo negozio.

**17. Strategia di Prezzi Dinamica:** Una strategia di prezzi dinamica, basata su analisi di mercato e stagionalità, può contribuire a mantenere il tuo negozio competitivo e attrarre diversi segmenti di clientela.

**18. Ricerca Competitiva:** Analizzare i negozi concorrenti su Etsy può offrirti spunti su come migliorare la tua SEO. Osserva quali parole chiave utilizzano, come strutturano le descrizioni dei prodotti e quali strategie di prezzo adottano.

**19. Programmi di Fidelizzazione:** Implementare programmi di fidelizzazione può incentivare i clienti a tornare nel tuo negozio e a lasciare recensioni positive, influenzando positivamente la SEO.

**20. Studio del Comportamento dell'Utente:** Analizzare il comportamento dei visitatori del tuo negozio può fornirti informazioni preziose su come ottimizzare ulteriormente la user experience e, di conseguenza, la SEO.

Ogni negozio su Etsy è unico, quindi è essenziale sperimentare diverse strategie e monitorare attentamente i risultati per comprendere cosa funziona meglio nel tuo caso specifico. Il continuo miglioramento e adattamento alle dinamiche del mercato e alle esigenze dei clienti ti permetterà di mantenere e migliorare il tuo posizionamento nei risultati di ricerca, massimizzando così la visibilità e le vendite.

Continuando ad approfondire l'importanza della SEO per Etsy, è cruciale focalizzarsi anche su altri aspetti che possono fare la differenza:

**21. Responsività Mobile:** Assicurati che il tuo negozio Etsy sia ottimizzato per i dispositivi mobili. Una maggiore usabilità su smartphone e tablet può migliorare l'esperienza utente e influire positivamente sul ranking nei motori di ricerca.

**22. FAQ e Servizio Clienti:** Fornire sezioni FAQ dettagliate e offrire un eccellente servizio clienti possono ridurre il tasso di abbandono del carrello e migliorare la reputazione del tuo negozio, influenzando così la SEO.

**23. Utilizzo di Video:** Integrare video nei tuoi elenchi di prodotti può migliorare l'engagement dei clienti e aumentare il tempo trascorso sulle pagine, fattori che possono influire positivamente sulla SEO.

**24. Sfruttare le Recensioni:** Utilizza le recensioni positive come strumento di marketing, evidenziandole nel tuo negozio. Questo può aumentare la fiducia dei clienti e contribuire a migliorare il tuo posizionamento nei risultati di ricerca.

**25. Politiche di Negozio Chiare:** Avere politiche di negozio chiare e trasparenti relative a spedizioni, resi e rimborsi può migliorare la fiducia del cliente e ridurre le possibilità di recensioni negative.

**26. Sfruttamento delle Stagioni e degli Eventi:**
Adatta la tua strategia SEO in base alle stagioni e agli eventi, ottimizzando parole chiave e prodotti per occasioni specifiche come Natale, San Valentino o Halloween.

**27. Collaborazioni e Partnership:** Collaborare con altri venditori o marchi può ampliare la tua portata e migliorare la visibilità del tuo negozio, portando a un miglioramento del ranking nei motori di ricerca.

**28. Analisi delle Conversioni:** Monitora il tasso di conversione del tuo negozio e dei singoli prodotti. Analizzare e comprendere quali elementi influenzano le conversioni può aiutarti a ottimizzare ulteriormente la SEO.

**29. Sondaggi e Feedback dei Clienti:** Raccogli feedback e realizza sondaggi per comprendere le esigenze e le preferenze dei tuoi clienti. Queste informazioni possono aiutarti a ottimizzare il negozio e a migliorare la SEO.

**30. Formazione Continua:** Mantieniti aggiornato sulle ultime tendenze e migliori pratiche SEO. Partecipare a webinar, leggere blog specializzati e unirsi a gruppi di discussione può aiutarti a mantenere alto il livello di competenza in SEO.

La SEO è una disciplina in continua evoluzione, e ciò che funziona oggi potrebbe non funzionare domani.

Per questo, è vitale mantenere un approccio proattivo, sperimentare nuove tattiche e monitorare attentamente i risultati per assicurarsi che il tuo negozio Etsy rimanga competitivo e visibile nei motori di ricerca.

**31. Varietà di Contenuti:** Varia i tipi di contenuti nel tuo negozio. Utilizza immagini di alta qualità, descrizioni dettagliate, video e recensioni per creare una pagina di prodotto coinvolgente e informativa che può contribuire a migliorare il posizionamento SEO.

**32. Velocità di Caricamento:** Ottimizza la velocità di caricamento del tuo negozio. Un sito veloce migliora l'esperienza dell'utente e può influire positivamente sulla SEO. Riduci le dimensioni delle immagini e minimizza l'uso di script pesanti.

**33. Ricerca delle Parole Chiave:** Esegui regolarmente ricerche approfondite di parole chiave per scoprire nuovi termini e frasi che potrebbero attrarre traffico al tuo negozio. Utilizza strumenti come Google Keyword Planner per individuare opportunità.

**34. Analisi dei Dati:** Utilizza strumenti di analisi dei dati come Google Analytics per monitorare il traffico del tuo negozio, conoscere le fonti di traffico, i tassi di conversione e altri dati utili per ottimizzare la SEO.

**35. Ottimizzazione delle Immagini:** Oltre a ridurre le dimensioni delle immagini, assicurati di utilizzare nomi di file descrittivi e di inserire testi alternativi pertinenti per migliorare l'ottimizzazione delle immagini per la SEO.

**36. Offerte e Promozioni:** Organizza offerte e promozioni regolari per attirare clienti e mantenere l'interesse alto. Questo può anche aumentare la condivisione sui social media e migliorare la visibilità e la SEO.

**37. Blogging:** Considera l'idea di avviare un blog collegato al tuo negozio Etsy. Il blogging può aiutare a migliorare la SEO attraverso la creazione di contenuti pertinenti e l'acquisizione di backlink.

**38. Personalizzazione del Negozio:** Personalizza il tuo negozio Etsy per renderlo unico e distintivo. Una buona personalizzazione può aumentare la fiducia del cliente, migliorare l'esperienza dell'utente e influire positivamente sulla SEO.

**39. Newsletter e Email Marketing:** Utilizza newsletter e campagne di email marketing per mantenere i clienti interessati e informarli su nuovi prodotti e offerte. Questo può portare a un aumento del traffico e migliorare la SEO.

**40. Ottimizzazione per la Ricerca Vocale:** Con l'aumento dell'uso della ricerca vocale, ottimizza il tuo negozio e i tuoi prodotti con frasi e domande naturali che gli utenti potrebbero utilizzare quando cercano tramite comandi vocali.

**41. Integrazione con Altre Piattaforme:** Integra il tuo negozio Etsy con altre piattaforme di vendita e social media per ampliare la tua portata e aumentare le possibilità di acquisire traffico e migliorare la SEO.

L'attenzione ai dettagli, l'adattamento alle nuove tendenze SEO e l'analisi costante dei dati sono elementi chiave per mantenere e migliorare la visibilità del tuo negozio Etsy nei motori di ricerca, contribuendo così al successo a lungo termine della tua attività online.

Concludendo, la SEO per Etsy è un elemento fondamentale che ogni venditore deve attentamente considerare e implementare. L'importanza di ottimizzare ogni aspetto del negozio e dei singoli elenchi di prodotti non può essere sottolineata abbastanza, dato che una buona SEO non solo migliora la visibilità e l'accessibilità del tuo negozio sui motori di ricerca, ma contribuisce anche a costruire una reputazione positiva e a instaurare fiducia con i clienti.

Un negozio Etsy ben ottimizzato deve considerare l'uso strategico delle parole chiave, la creazione di contenuti di qualità e variegati, la velocità di caricamento e la responsività mobile, assicurando che l'esperienza dell'utente sia fluida e piacevole su tutti i dispositivi. La costante analisi dei dati attraverso strumenti come

Google Analytics è essenziale per monitorare le performance del negozio, identificare aree di miglioramento e adattarsi alle evoluzioni del mercato e del comportamento degli utenti.

Inoltre, l'integrazione con altre piattaforme e social media, la gestione proattiva delle recensioni e del servizio clienti, e l'utilizzo di strategie di email marketing e promozioni possono significativamente aumentare il traffico verso il tuo negozio e migliorare la conversione delle vendite. L'aggiornamento costante e la formazione continua sulle nuove tendenze e migliori pratiche SEO sono altresì imprescindibili per mantenere la competitività e il successo nel dinamico e in continua evoluzione mercato di Etsy.

Infine, la personalizzazione del negozio, l'attenzione al design e al branding, e l'instaurare una relazione con i clienti attraverso la comunicazione e l'interazione possono ulteriormente elevare la percezione del tuo brand e consolidare la tua posizione nel mercato. Ricorda che la SEO non è un processo statico, ma richiede un impegno continuo, sperimentazione e adattamento. Il tuo successo su Etsy sarà in gran parte influenzato dalla tua capacità di utilizzare efficacemente le tecniche SEO e di adattarti alle esigenze in continuo cambiamento del tuo pubblico target e del mercato online.

8. SEO per Shopify • Strategie SEO specifiche per Shopify.

L'ottimizzazione per i motori di ricerca (SEO) è vitale per qualsiasi piattaforma di e-commerce, e Shopify non fa eccezione. Implementare strategie SEO efficaci su Shopify può migliorare significativamente la visibilità del tuo negozio online, attirare un pubblico più ampio e aumentare le vendite. Ecco alcune strategie SEO specifiche per Shopify:

## 1. Ricerca delle Parole Chiave:

- Identifica parole chiave rilevanti per i tuoi prodotti e la tua nicchia. Utilizza strumenti come Google Keyword Planner, Ahrefs o SEMrush per trovare parole chiave con un buon volume di ricerca e concorrenza ragionevole.

- Includi le parole chiave nei titoli dei prodotti, nelle descrizioni, nelle meta descrizioni e nelle URL.

## 2. Ottimizzazione On-Page:

- Cura i titoli, le meta descrizioni e i contenuti delle pagine del tuo negozio.

- Utilizza immagini di alta qualità e ottimizza le etichette alt con parole chiave pertinenti.

- Struttura i contenuti con intestazioni H1, H2, ecc., e utilizza testo in grassetto e corsivo in modo strategico.

## 3. Ottimizzazione Tecnica:

- Assicurati che il tuo sito Shopify sia mobile-friendly, dato che Google utilizza la mobile-first indexing.

- Migliora la velocità del sito riducendo le dimensioni delle immagini e minimizzando il codice JavaScript e CSS.

- Utilizza un tema Shopify SEO-friendly e installa app SEO utili come "SEO Manager" o "Plug in SEO".

## 4. Link Building Interna ed Esterna:

- Crea una struttura di link interna logica e user-friendly.

- Acquisisci backlink di qualità da siti autorevoli attraverso la creazione di contenuti di valore, il guest posting e le partnership.

## 5. Blogging e Content Marketing:

- Avvia un blog e pubblica contenuti regolari e di qualità per attirare traffico e guadagnare backlink.

- Utilizza il content marketing per posizionare il tuo negozio come autorità nella tua nicchia e rispondere alle domande e ai bisogni del tuo pubblico target.

## 6. Analisi e Monitoraggio:

- Configura Google Analytics e Google Search Console per monitorare le prestazioni del sito e individuare aree di miglioramento.

- Analizza i dati regolarmente e aggiusta la tua strategia SEO di conseguenza.

## 7. Recensioni e Social Proof:

- Incoraggia i clienti a lasciare recensioni e testimonianze. Queste forniscono contenuto aggiuntivo e aumentano la fiducia dei potenziali acquirenti.

- Integra i social media per migliorare la presenza online e la reputazione del tuo negozio.

Implementando queste strategie SEO specifiche per Shopify, potrai migliorare la posizione del tuo negozio nei risultati di ricerca, aumentare il traffico organico e, di conseguenza, incrementare le conversioni e le vendite. Ricorda che la SEO è un processo a lungo termine e richiede costanza e adattamento alle evoluzioni del mercato e degli algoritmi dei motori di ricerca.

Proseguendo, è fondamentale sottolineare come ogni strategia SEO debba essere personalizzata e adattata continuamente, poiché il campo dell'ottimizzazione per i motori di ricerca è in costante evoluzione. Pertanto, gli aggiornamenti regolari e la capacità di rimanere al passo con le nuove tendenze SEO sono essenziali per mantenere una presenza online forte e competitiva su Shopify.

## 8. Adattamento e Aggiornamento:

- Rimani aggiornato sulle ultime tendenze SEO e sugli aggiornamenti dell'algoritmo di Google. L'adattabilità alle nuove norme e tecniche è cruciale per mantenere e migliorare la visibilità del tuo negozio online.

- Realizza audit SEO regolari del tuo sito per individuare eventuali problemi tecnici o aree di miglioramento e implementa le correzioni necessarie prontamente.

## 9. User Experience (UX) e User Interface (UI):

- Lavora continuamente all'ottimizzazione dell'esperienza utente e dell'interfaccia utente. Un sito intuitivo, facile da navigare e piacevole da visitare contribuirà a ridurre il tasso di rimbalzo e a migliorare le conversioni.

- Ottimizza il percorso dell'utente, assicurandoti che il processo di acquisto sia semplice e lineare, riducendo il numero di passaggi necessari per completare un acquisto.

**10. Responsività e Compatibilità Cross-Browser:** - Assicurati che il tuo negozio Shopify sia ottimizzato per tutti i browser e i dispositivi. La compatibilità cross-browser e la responsività mobile influenzano non solo l'esperienza dell'utente, ma anche il posizionamento nei motori di ricerca. - Effettua test regolari su diversi dispositivi e browser per assicurarti che il sito si carichi correttamente e che tutte le funzioni siano operative.

**11. Utilizzo di Video e Elementi Interattivi:** - Integra video, immagini interattive e altri elementi multimediali per arricchire il contenuto del tuo sito e rendere l'esperienza più coinvolgente per gli utenti. - L'uso di contenuti multimediali può migliorare il tempo di permanenza sul sito e la condivisione sui social media, fattori che influenzano positivamente la SEO.

**12. Community e Engagement:** - Costruisci una community attorno al tuo brand attraverso forum, social media e altre piattaforme. L'engagement con il tuo pubblico può aiutare a costruire la brand loyalty e a migliorare la reputazione online. - Ascolta il feedback della community e sii proattivo nel rispondere ai commenti e alle domande, mostrando che il tuo brand valorizza i suoi clienti.

## 13. Implementazione delle Rich Snippets: -

Utilizza rich snippets per migliorare la visibilità delle tue pagine nei risultati di ricerca. Gli snippets forniscono informazioni aggiuntive, come valutazioni, prezzi e disponibilità, che possono aumentare il CTR (Click-Through Rate).

## 14. Analisi della Concorrenza: - Studia

regolarmente i tuoi concorrenti e analizza le loro strategie SEO. Identifica cosa stanno facendo bene e cerca di implementare tattiche simili, ma migliorate, nel tuo negozio Shopify. - Utilizza strumenti di analisi della concorrenza per monitorare le parole chiave per cui si posizionano, i loro backlinks e altri fattori SEO.

Implementando queste ulteriori strategie e rimanendo costantemente informato sulle best practice SEO, avrai la possibilità di massimizzare la visibilità del tuo negozio Shopify, attirare un pubblico più ampio e conseguentemente aumentare le vendite. Ricorda che la perseveranza e l'adattamento sono chiave in un ambiente digitale in costante cambiamento.

## 15. Link Building Interno ed Esterno: - Sviluppa

una solida strategia di link building. I link interni aiutano a distribuire il valore della pagina e guidano gli utenti attraverso il sito, mentre i backlink da siti affidabili migliorano l'autorità di dominio. - Sii selettivo quando si tratta di ottenere backlink; cerca siti con contenuti rilevanti e di alta qualità.

**16. Blog e Contenuti:** - Crea un blog per il tuo negozio Shopify. I post del blog sono un'opportunità per includere parole chiave rilevanti, fornire contenuti utili e freschi, e attrarre traffico organico. - Mantieni una frequenza costante di pubblicazione e focalizzati su temi che interessano il tuo pubblico target.

**17. Velocità del Sito e Ottimizzazione delle Immagini:** - La velocità di caricamento del sito è un fattore cruciale per l'UX e la SEO. Ottimizza le immagini, utilizza la compressione e migliora il codice per ridurre i tempi di caricamento. - Utilizza strumenti come Google PageSpeed Insights per monitorare e migliorare la velocità del tuo sito.

**18. Social Media Integration:** - Integra i social media nel tuo negozio Shopify. La presenza sui social media non solo migliora la brand awareness, ma anche la SEO. - Condividi i tuoi prodotti e i contenuti del blog sui canali social e incoraggia la condivisione da parte degli utenti.

**19. Recensioni e Testimonianze Clienti:** - Incoraggia i clienti a lasciare recensioni e testimonianze. Le recensioni positive possono migliorare la fiducia del consumatore e contribuire all'autorità del sito. - Rispondi a tutte le recensioni, positive o negative, in modo professionale e costruttivo.

**20. Sicurezza del Sito:** - Mantieni il tuo sito Shopify sicuro e protetto. Un sito sicuro (HTTPS) è essenziale per la fiducia degli utenti e viene considerato un fattore di ranking da Google. - Aggiorna regolarmente i plugin e le estensioni per evitare vulnerabilità della sicurezza.

**21. Mobile-First Approach:** - Adotta un approccio mobile-first. Con l'aumento dell'uso dei dispositivi mobili, avere un sito ottimizzato per mobile è essenziale per la SEO. - Verifica che il design del tuo sito sia responsivo e che l'UX su mobile sia fluida e intuitiva.

**22. Google My Business e Local SEO:** - Se operi a livello locale, ottimizza la tua presenza su Google My Business. Le recensioni locali, le indicazioni stradali e le informazioni di contatto possono migliorare la visibilità locale. - Ottimizza le pagine del sito con parole chiave locali e utilizza schema markup per le informazioni di localizzazione.

Incorporando queste pratiche avanzate, potrai costruire una presenza online ancora più forte, aumentare il traffico organico e migliorare la posizione del tuo negozio Shopify nei risultati dei motori di ricerca. Ricorda, la SEO è un processo a lungo termine e richiede impegno e dedizione per vedere risultati duraturi.

**23. Analisi delle Parole Chiave:** - Continua ad approfondire l'analisi delle parole chiave, cercando termini di ricerca emergenti e long-tail che potrebbero attirare un pubblico più ampio. - Utilizza strumenti come Google Keyword Planner, Ahrefs o SEMrush per scoprire nuove opportunità di parole chiave e analizzare i tuoi concorrenti.

**24. Meta Tags e Schema Markup:** - Oltre ai meta tag di base, esplora l'utilizzo di schema markup per fornire ai motori di ricerca informazioni aggiuntive sui tuoi prodotti, recensioni e organizzazione. - Schema markup può aiutare a ottenere risultati di ricerca arricchiti, come snippet in primo piano e valutazioni a stella.

**25. Ottimizzazione della User Experience (UX):** - Investi nella progettazione di un'interfaccia utente intuitiva e nel miglioramento dell'esperienza utente. Una UX positiva può ridurre il tasso di rimbalzo e aumentare il tempo trascorso sul sito, fattori che influenzano il ranking SEO. - Ascolta i feedback degli utenti e apporta miglioramenti proattivi per risolvere eventuali problemi di navigazione o usabilità.

**26. Content Marketing:** - Sviluppa una strategia di content marketing che mira a creare e distribuire contenuti di valore, rilevanti e coerenti per attirare e coinvolgere il tuo pubblico target. - Usa vari formati di contenuto come blog, video, podcast e infografiche per raggiungere il pubblico su diverse piattaforme.

**27. Monitoraggio delle Prestazioni:** - Imposta e monitora KPI (Key Performance Indicators) specifici per la SEO, come il traffico organico, la conversione, la posizione delle parole chiave e il tasso di clic. - Utilizza Google Analytics, Google Search Console e altri strumenti di analisi SEO per tracciare le prestazioni e identificare aree di miglioramento.

**28. A/B Testing:** - Conduci test A/B per valutare l'efficacia di diverse varianti di elementi del sito, come titoli, descrizioni di prodotti e CTA (Call to Action). - Analizza i risultati dei test per fare modifiche informate e migliorare il tasso di conversione e altri metrici importanti.

**29. Partnership e Collaborazioni:** - Stabilisci partnership e collaborazioni con altri brand, influencer e blog nel tuo settore. Questo può portare a backlink di qualità, maggiore visibilità e traffico rilevante. - Partecipa a eventi del settore, webinar e forum online per costruire relazioni e guadagnare autorità nel tuo campo.

**30. Aggiornamenti e Manutenzione:** - Mantieni il sito aggiornato con le ultime best practice SEO, nuovi contenuti e miglioramenti tecnici. - Esegui regolarmente audit SEO per identificare e risolvere

problemi come link interrotti, errori 404, contenuti
duplicati e problemi di mobile-friendliness.

Applicando questi approfondimenti e strategie
avanzate, rafforzerai ulteriormente la SEO del tuo
negozio Shopify, otterrai un vantaggio competitivo e
attrarrai un pubblico più ampio. Ricorda, la SEO è
un'arte in continua evoluzione, e restare aggiornati e
adattarsi alle nuove tendenze e aggiornamenti dei
motori di ricerca è fondamentale per il successo a
lungo termine.

### 31. Mobile SEO:

- Ottimizza il tuo negozio per dispositivi mobili,
  considerando la crescente percentuale di utenti
  che navigano e acquistano tramite smartphone e
  tablet.

- Verifica la compatibilità cross-browser e
  assicurati che il design sia responsive, che i tempi
  di caricamento siano brevi e che la navigazione
  sia intuitiva.

### 32. Analisi della Concorrenza:

- Studia costantemente i tuoi principali
  concorrenti su Shopify. Analizza le loro strategie
  SEO, backlinks, parole chiave target e contenuti.

- Utilizza le informazioni raccolte per adattare e migliorare la tua strategia SEO e posizionarti in modo competitivo nel mercato.

## 33. Backlink di Qualità:

- Lavora costantemente per ottenere backlink di alta qualità da siti web autorevoli e pertinenti. Questi link possono migliorare significativamente la tua autorità di dominio e il posizionamento nei risultati di ricerca.

- Evita pratiche black hat SEO e focalizzati su tecniche etiche e sostenibili per la costruzione di link.

## 34. Miglioramento Continuo:

- La SEO non è un processo una tantum, ma richiede miglioramenti continui. Rimani aggiornato sulle ultime tendenze SEO, algoritmi dei motori di ricerca e strumenti di ottimizzazione.

- Raccogli e analizza i dati, effettua aggiustamenti e sperimenta nuove tattiche per vedere cosa funziona meglio per il tuo specifico negozio Shopify.

## 35. Testimonianze e Recensioni:

- Incoraggia i clienti soddisfatti a lasciare recensioni e testimonianze positive. Questi elementi costruiscono fiducia e credibilità e possono influenzare positivamente la percezione dei visitatori e il posizionamento nei motori di ricerca.

- Rispondi prontamente e professionalmente a eventuali recensioni negative, mostrando impegno nel risolvere problemi e migliorare l'esperienza del cliente.

## 36. Social Media Integration:

- Integra il tuo negozio Shopify con vari social media per aumentare la visibilità, generare traffico e migliorare l'autorità del dominio.

- Pubblica contenuti di qualità, interagisci con i follower e utilizza piattaforme social come canali per la costruzione di link e la promozione del brand.

## 37. Velocità del Sito:

- Lavora per migliorare la velocità di caricamento del tuo sito. Una velocità maggiore può ridurre il tasso di rimbalzo e migliorare l'esperienza dell'utente, fattori che influiscono sul ranking SEO.

- Ottimizza le immagini, utilizza la compressione, riduci i plugin inutili e considera l'uso di una rete di distribuzione dei contenuti (CDN) per aumentare la velocità.

## 38. Sicurezza del Sito:

- Garantisci che il tuo sito Shopify sia sicuro e protetto. Un sito sicuro è essenziale per proteggere i dati dei clienti e costruire fiducia, e Google dà la priorità ai siti HTTPS nei risultati di ricerca.

- Mantieni tutti i software e i plugin aggiornati, effettua regolari backup del sito e monitora attivamente eventuali problemi di sicurezza.

## 39. Video SEO:

- Se il tuo negozio utilizza video, ottimizzali per la SEO. Usa parole chiave pertinenti nei titoli, nelle descrizioni e nei tag, e considera la trascrizione del contenuto video per migliorare la visibilità.

- Pubblica i video su piattaforme come YouTube e Vimeo, e incorporali nel tuo sito per aumentare l'engagement e il tempo trascorso sulla pagina.

## 40. Analisi e Reportistica:

- Implementa strumenti analitici avanzati per monitorare le prestazioni SEO del tuo sito.

Analizza i dati per identificare tendenze, opportunità e aree di miglioramento.

- Crea report regolari che evidenziano i progressi, i successi e le sfide, e utilizza queste informazioni per informare e adattare la tua strategia SEO in corso.

Ricorda che la SEO è un processo in continua evoluzione e adattamento. Mantenere un approccio proattivo e informato ti aiuterà a navigare nel paesaggio digitale in continua evoluzione e a garantire il successo del tuo negozio Shopify nel lungo termine.

Concludendo, implementare una strategia SEO efficace per Shopify è fondamentale per il successo del tuo negozio online. Questo non solo aumenterà la visibilità del tuo sito web nei motori di ricerca, ma migliorerà anche l'esperienza dell'utente e contribuirà a costruire la credibilità e la fiducia del tuo brand.

Riepilogo delle strategie:

1. **Parole Chiave e Contenuti:**

   - Ricercare e utilizzare parole chiave rilevanti, creare contenuti di qualità e aggiornare regolarmente il sito.

2. **Mobile SEO:**

   - Assicurarsi che il negozio sia ottimizzato per dispositivi mobili e compatibile con vari browser.

3. **Analisi della Concorrenza:**

   - Studiare i concorrenti, adattare le strategie in base alle informazioni raccolte.

4. **Backlink di Qualità:**

   - Acquisire backlink da siti autorevoli e utilizzare tecniche etiche di costruzione dei link.

5. **Miglioramento Continuo:**

   - Rimani aggiornato sulle tendenze, analizza i dati e sperimenta nuove tattiche.

6. **Testimonianze e Recensioni:**

   - Incoraggiare feedback positivi e gestire professionalmente le recensioni negative.

7. **Social Media Integration:**

- Integrare con piattaforme social e utilizzarle per la promozione e costruzione del link.

8. **Velocità e Sicurezza del Sito:**

- Ottimizzare la velocità di caricamento, garantire la sicurezza del sito e proteggere i dati dei clienti.

9. **Video SEO:**

- Ottimizzare i video con parole chiave pertinenti e incorporarli nel sito.

10. **Analisi e Reportistica:**

- Utilizzare strumenti analitici avanzati e creare report dettagliati per informare le future strategie.

L'adozione di queste strategie e la dedizione al miglioramento continuo aiuteranno a garantire che il tuo negozio Shopify raggiunga e mantenga un posizionamento elevato nei risultati dei motori di ricerca, attragga più visitatori e, infine, aumenti le conversioni e le vendite. Ricorda che la SEO è un investimento a lungo termine e che la pazienza, insieme all'analisi dei dati e all'adattamento, sarà la chiave del tuo successo.

9. Fotografia del Prodotto • Consigli per scattare foto attraenti dei tuoi prodotti.

Per catturare l'attenzione dei potenziali clienti e incrementare le vendite, è essenziale avere fotografie di prodotto di alta qualità. Le immagini sono un fattore determinante nella decisione d'acquisto online, dove i clienti non possono toccare o provare fisicamente il prodotto. Di seguito, alcuni consigli dettagliati per scattare foto attraenti dei tuoi prodotti:

## Qualità e Risoluzione

Assicurati che le immagini siano nitide e in alta risoluzione. Una buona regola è utilizzare una risoluzione di almeno 72 DPI per le immagini online, ma per risultati migliori, si consiglia di utilizzare 300 DPI.

## Luce Naturale

Utilizza preferibilmente la luce naturale per evitare ombre dure e riflessi. Posiziona il prodotto vicino a una fonte di luce naturale, come una finestra, e utilizza riflettori o schermi per bilanciare la luce.

## Sfondo Uniforme

Uno sfondo bianco o in tinta unita aiuta a mettere in risalto il prodotto e riduce le distrazioni. Assicurati che lo sfondo sia pulito e ben illuminato.

## Angolazioni Varie

Fotografa il prodotto da diverse angolazioni per offrire una visione completa ai clienti. Include dettagli importanti, come la texture, e assicurati che tutte le parti siano visibili.

## Dimensioni Reali

Mostra il prodotto nelle sue dimensioni reali, magari posizionandolo accanto a oggetti comuni, per dare un senso delle dimensioni.

## Modelli Umani

Se appropriato, utilizza modelli umani per mostrare come viene utilizzato o indossato il prodotto. Ciò contribuisce a creare un collegamento emotivo con i clienti.

## Editing e Post-Produzione

Ritocca le immagini con software di editing per migliorare la luminosità, il contrasto e la saturazione. Evita però di alterare eccessivamente l'aspetto reale del prodotto.

## Consistenza

Mantieni uno stile e un formato consistenti per tutte le immagini del prodotto nel tuo negozio, creando un'esperienza omogenea per il cliente.

## Descrizione Visiva

Utilizza le fotografie per raccontare una storia visiva del prodotto, evidenziando i suoi benefici e le sue caratteristiche uniche.

## Ottimizzazione per il Web

Comprimi le immagini per ridurre i tempi di caricamento, ma senza compromettere eccessivamente la qualità. Utilizza formati di file adatti al web, come JPEG o PNG.

## Feedback dei Clienti

Ascolta il feedback dei clienti sulle immagini del prodotto e apporta modifiche se necessario, per assicurarti che le fotografie rispecchino le aspettative dei clienti e mettano in risalto i punti di forza del prodotto.

Concludendo, dedicare tempo e attenzione alla fotografia del prodotto è un investimento che si ripagherà attraverso un aumento della fiducia del cliente, un miglioramento dell'immagine del brand e, alla fine, un incremento delle vendite. Ricorda di rimanere aggiornato sulle tendenze della fotografia di prodotto e di essere sempre pronto a sperimentare nuove tecniche per migliorare ulteriormente la presentazione dei tuoi articoli.

## Storytelling Visuale

Oltre alla presentazione del prodotto, utilizza la fotografia per creare uno storytelling visuale. Posiziona il prodotto in scenari reali o crea ambientazioni che riflettano il tuo brand e i valori che vuoi trasmettere. Questo aiuta a costruire una connessione emotiva e a mostrare il valore aggiunto del prodotto.

## Uso dei Colori

Esplora l'uso dei colori per evocare emozioni e risposte. I colori possono influenzare la percezione del prodotto e giocare un ruolo cruciale nella decisione di acquisto. Sperimenta con combinazioni cromatiche e tonalità per trovare l'equilibrio giusto che valorizzi il tuo articolo.

## Zoom e Dettagli Macro

Offri la possibilità di zoomare sulle immagini o includi foto macro per mostrare dettagli minuti e la qualità dei materiali. Questo permette ai clienti di esaminare il prodotto come farebbero in un negozio fisico.

## Composizione e Regola dei Terzi

Sfrutta le regole base della composizione fotografica, come la regola dei terzi, per creare immagini equilibrate ed esteticamente piacevoli. Posiziona gli elementi chiave lungo le linee guida e i punti di intersezione per catturare l'attenzione.

## Contestualizzazione

Presenta il prodotto in un contesto d'uso quotidiano per aiutare i clienti a visualizzare come potrebbero utilizzarlo. Mostra il prodotto da diverse prospettive, in diverse situazioni e con diverse combinazioni, se applicabile.

## Test e Adattamento

Non tutte le tecniche funzioneranno per ogni prodotto, quindi è importante testare diverse strategie e adattare l'approccio in base ai risultati. Monitora le metriche di performance delle immagini e apporta le modifiche necessarie.

## Ricerca e Ispirazione

Tieni d'occhio i concorrenti e i trend del settore per trarre ispirazione e capire cosa funziona bene nel tuo mercato di riferimento. Analizza le immagini più efficaci e cerca di capire gli elementi chiave del loro successo.

## Recensioni e Feedback Visivo

Incoraggia i clienti a lasciare recensioni fotografiche dei prodotti acquistati. Questo tipo di contenuto user-generated è autentico e può aumentare la credibilità del tuo negozio e la fiducia nei prodotti.

## Formazione Continua

Investi nella formazione continua in fotografia e post-produzione per migliorare costantemente le tue competenze e stare al passo con le nuove tecniche e tecnologie. Esplora corsi, workshop e tutorial online.

## Sperimentazione Creativa

Non aver paura di sperimentare e cercare approcci creativi. Ogni prodotto è unico e potrebbe richiedere tecniche diverse per essere valorizzato al meglio. Prova nuove idee e vedi come reagisce il pubblico.

## Accessori e Attrezzature

Esplora l'utilizzo di accessori e attrezzature fotografiche diverse. Riflettori, filtri, lenti macro e treppiedi possono aiutarti a ottenere effetti diversi e a migliorare la qualità delle tue immagini.

## Consistenza Temporale

Aggiorna regolarmente le fotografie dei prodotti, soprattutto se ci sono cambiamenti nel design o nelle caratteristiche. Mantieni una consistenza temporale nelle immagini per rispecchiare l'attuale offerta del prodotto.

## Diritto d'Autore e Utilizzo

Assicurati di avere tutti i diritti sulle immagini che utilizzi e di rispettare le normative sul copyright. Se utilizzi modelli o terze parti, assicurati di avere i permessi necessari per l'utilizzo commerciale delle immagini.

Continuando ad approfondire e perfezionare le tecniche di fotografia del prodotto, potrai notevolmente migliorare l'attrattiva del tuo negozio e la percezione del tuo brand, contribuendo in definitiva all'aumento delle conversioni e delle vendite.

## Luce e Ombra

L'utilizzo efficace di luce e ombra può fare la differenza tra una foto professionale e una amatoriale. Sperimenta con diverse fonti di luce, sia naturali che artificiali, e osserva come influenzano l'aspetto del prodotto. L'uso di luci soffuse può eliminare ombre dure e mettere in risalto i dettagli del prodotto.

## Post-produzione

L'editing delle foto è una fase cruciale. Utilizza software come Photoshop o Lightroom per migliorare la qualità delle immagini, correggere colori, bilanciare l'esposizione e rimuovere eventuali imperfezioni.

Tuttavia, è essenziale mantenere l'autenticità del prodotto, evitando modifiche eccessive che possano alterarne l'aspetto reale.

## Storyboarding e Pianificazione

Prima di iniziare a scattare, pianifica attentamente ogni sessione fotografica. Crea uno storyboard per visualizzare la sequenza delle immagini e definire l'atmosfera, lo stile e i temi da catturare. Questo ti aiuterà a organizzare il set e a ottenere risultati coerenti con la visione del brand.

## Background e Scenografia

Scegliere il giusto sfondo e creare una scenografia adeguata è fondamentale per valorizzare il prodotto. Se il prodotto è semplice, opta per uno sfondo neutro; se vuoi raccontare una storia, costruisci un ambiente che lo supporti. Cambiare sfondo può portare a risultati sorprendentemente diversi.

## Angolazioni e Inquadrature

Varia angolazioni e inquadrature per offrire una visione a 360 gradi del prodotto. Gli scatti dall'alto, di profilo, frontali e diagonali possono rivelare caratteristiche diverse e offrire ai potenziali clienti una visione completa del prodotto.

## Schede Tecniche e Didascalie

Non dimenticare di integrare le immagini con schede tecniche e didascalie descrittive. Fornire informazioni dettagliate sulle dimensioni, i materiali e le caratteristiche del prodotto può aiutare i clienti nella decisione d'acquisto e ridurre i resi.

## Interazione Umano

Mostra il prodotto in uso, possibilmente con modelli umani. Questo aiuta i clienti a visualizzare le dimensioni reali del prodotto e a immaginarsi come potrebbe apparire o funzionare nella vita quotidiana.

## Community e Social Media

Utilizza le piattaforme di social media per condividere le tue immagini e interagire con la community. Chiedi feedback e opinioni, e osserva quali immagini ricevono più attenzione e interazioni. Questo può darti indicazioni preziose su quali elementi funzionano meglio e quali andrebbero migliorati.

## Analisi dei Dati

Monitora costantemente le prestazioni delle tue immagini attraverso l'analisi dei dati. Strumenti come Google Analytics possono aiutarti a capire quali immagini generano più clic, conversioni e vendite. Usa questi dati per affinare la tua strategia fotografica e focalizzarti su ciò che funziona meglio.

## Budget e Risorse

Valuta attentamente il tuo budget e le risorse a disposizione. Non è sempre necessario investire in attrezzature costose o studi fotografici professionali. A volte, soluzioni creative e fai-da-te possono portare a risultati sorprendenti senza costare una fortuna.

## Concorrenza e Benchmarking

Analizza regolarmente i tuoi concorrenti e esamina le loro strategie fotografiche. Identifica i punti di forza e di debolezza delle loro immagini e cerca di capire come puoi differenziarti e offrire qualcosa di unico e accattivante.

Ricordando che ogni dettaglio conta, dai colori alla composizione, e mantenendo un atteggiamento proattivo verso il miglioramento continuo, potrai realizzare fotografie di prodotto che non solo rappresentano fedelmente ciò che vendi, ma che contribuiscono anche a costruire il tuo brand e a aumentare le vendite.

Concludendo, la fotografia del prodotto è un elemento centrale nella presentazione e nella promozione dei tuoi articoli su piattaforme come Etsy e Shopify. Essa agisce come il primo punto di contatto tra il potenziale cliente e il prodotto, e una presentazione visiva di alta qualità può significativamente influenzare la decisione d'acquisto del cliente.

La chiave del successo risiede nell'attenzione ai dettagli e nella creazione di immagini che non solo mettano in risalto le caratteristiche uniche dei tuoi prodotti, ma che comunicano anche la visione e i valori del tuo brand. Ciò include l'uso appropriato di luce e ombra, la selezione accurata degli sfondi e degli ambienti, la varietà delle inquadrature e la presentazione dettagliata attraverso schede tecniche e didascalie.

L'interazione con la community e l'analisi dei dati di performance delle immagini rappresentano strumenti indispensabili per raffinare la strategia fotografica e adattarla alle esigenze e alle preferenze del pubblico. Allo stesso tempo, il monitoraggio della concorrenza e il benchmarking consentono di individuare opportunità di differenziazione e di anticipare le tendenze del mercato.

Inoltre, è fondamentale trovare un equilibrio tra qualità e costi, sfruttando al meglio le risorse a disposizione e esplorando soluzioni creative e fai-da-te per ottimizzare il budget. Infine, la post-produzione rappresenta la fase in cui è possibile perfezionare le immagini, correggendo eventuali imperfezioni e ottimizzando colori e esposizione, pur mantenendo l'autenticità e la veridicità del prodotto.

In sintesi, una strategia fotografica ben pianificata e attuata può significativamente elevare la percezione del tuo negozio e dei tuoi prodotti, contribuendo ad attrarre e a fidelizzare la clientela, aumentare le conversioni e, di conseguenza, incrementare il fatturato. Ricorda che, in un mercato sempre più digitale e visuale, un'immagine vale davvero più di mille parole.

10. Prezzi e Margine di Profitto • Strategie di prezzi e calcolo del margine di profitto.

Determinare i prezzi e calcolare il margine di profitto sono aspetti fondamentali per la gestione di un negozio su piattaforme come Etsy e Shopify. È essenziale sviluppare strategie di prezzi che non solo coprano i costi di produzione e operativi, ma che anche generino un profitto sostenibile, permettendoti di reinvestire nel tuo business e crescere.

1. **Analisi dei Costi:** Prima di fissare i prezzi, è cruciale avere una comprensione chiara di tutti i costi associati alla creazione e alla vendita dei tuoi prodotti. Questo include i costi dei materiali, la manodopera, le spese di spedizione, le commissioni della piattaforma, e i costi di marketing e pubblicità.

2. **Ricerca di Mercato:** Analizza i prezzi dei concorrenti e il valore percepito dei loro prodotti.

Considera la posizione del tuo brand nel mercato e determina se vuoi competere sul prezzo o sulla qualità.

3. **Target di Clientela:** Identifica il tuo pubblico target e comprendi la loro disponibilità a pagare. Considera fattori demografici, psicografici e comportamentali per sviluppare una strategia di prezzi che risuoni con i tuoi clienti ideali.

4. **Valore Aggiunto:** Rifletti sul valore aggiunto che i tuoi prodotti offrono. Se offri prodotti unici, di alta qualità o personalizzati, potresti essere in grado di fissare prezzi più alti.

5. **Strategie di Prezzo:** Esplora diverse strategie di prezzo, come la penetrazione di mercato (prezzi bassi per attrarre clienti e aumentare la quota di mercato), la scrematura (prezzi alti per massimizzare i profitti su un pubblico disposto a pagare di più), e la psicologia dei prezzi (ad es. $99.99 invece di $100).

6. **Margine di Profitto:** Una volta che hai stabilito i tuoi costi e il prezzo di vendita, puoi calcolare il margine di profitto. È importante avere margini di profitto sani che ti permettano di coprire le spese impreviste, investire nella crescita del business e ottenere un reddito sostenibile.

7. **Test e Adattamento:** Non esitare a testare diversi prezzi per vedere come reagiscono i clienti. Monitora le metriche di vendita, i feedback dei clienti e i dati di mercato per adattare la tua strategia di prezzi alle dinamiche di mercato e alle esigenze del tuo pubblico.

8. **Promozioni e Sconti:** Pianifica promozioni e sconti con saggezza. Mentre possono aumentare le vendite a breve termine, è essenziale che non erodano eccessivamente i tuoi margini di profitto.

9. **Comunicazione del Valore:** Lavora sulla comunicazione del valore dei tuoi prodotti. Spiega chiaramente ai clienti perché i tuoi prodotti valgono il prezzo che chiedi, mettendo in evidenza la qualità, l'unicità e i benefici.

10. **Analisi delle Performance:** Infine, analizza regolarmente le performance di vendita e la redditività. Ajusta i prezzi, ottimizza i costi e innova la tua offerta per mantenere la competitività e la sostenibilità finanziaria.

Ricorda che la determinazione dei prezzi è tanto un'arte quanto una scienza, e richiede un equilibrio tra numeri, percezione del valore e psicologia del consumatore.

Capire le dinamiche dei prezzi e del margine di profitto è un processo in continua evoluzione, che richiede un'attenzione costante alle tendenze del mercato, alle abitudini dei consumatori e alla posizione della concorrenza. Ecco alcuni ulteriori approfondimenti e strategie che potrebbero essere utili:

11. **Differenziazione dei Prodotti:** Sviluppare caratteristiche uniche per i tuoi prodotti può giustificare prezzi più elevati. Ciò può includere design esclusivi, qualità superiore dei materiali, o un'eccezionale esperienza cliente.

12. **Analisi della Concorrenza:** Mantieni un monitoraggio regolare dei prezzi dei tuoi concorrenti. Questo ti aiuterà a identificare quando potresti avere l'opportunità di aumentare i prezzi o quando potresti aver bisogno di offrire più valore.

13. **Gestione delle Scorte:** Una gestione efficiente delle scorte può aiutarti a ridurre i costi e a migliorare i margini di profitto. Prevedere la domanda, ordinare in modo efficiente e minimizzare gli stock invenduti sono tutte strategie chiave.

14. **Upselling e Cross-selling:** L'upselling (vendita di una versione più costosa o premium del prodotto) e il cross-selling (vendita di prodotti correlati) possono aumentare il valore

medio dell'ordine e migliorare i margini di profitto.

15. **Raccolta e Analisi dei Dati:** Utilizza i dati dei clienti per comprendere meglio le loro preferenze e la loro sensibilità ai prezzi. L'analisi dei dati può rivelare tendenze e opportunità per ottimizzare i prezzi.

16. **Feedback dei Clienti:** Ascolta attentamente il feedback dei tuoi clienti. Le loro opinioni e recensioni possono darti preziose informazioni sulla percezione del valore dei tuoi prodotti e sulla tua posizionamento in termini di prezzo.

17. **Adattamento ai Cambiamenti di Mercato:** Sii pronto ad adattare la tua strategia di prezzi in risposta a cambiamenti nel mercato, come nuovi entranti, variazioni della domanda, o fluttuazioni dei costi dei materiali.

18. **Strategie di Bundling:** Offrire pacchetti di prodotti a un prezzo ridotto rispetto all'acquisto singolo può incentivare i clienti a spendere di più, aumentando così i tuoi profitti.

19. **Pricing Dinamico:** Considera l'implementazione di una strategia di pricing dinamico, dove i prezzi possono variare in base a fattori come la domanda, l'inventario, e le tendenze stagionali.

20. **Costi Nascosti:** Fai attenzione ai costi nascosti che potrebbero erodere i tuoi margini. Questi possono includere commissioni bancarie, costi di spedizione inaspettati, o tasse di importazione.

Lavorando costantemente su questi aspetti e rimanendo flessibili e attenti al mercato, è possibile sviluppare strategie di prezzi e margini di profitto efficaci e sostenibili per il tuo negozio su Etsy, Shopify o qualsiasi altra piattaforma di e-commerce.

21. **Psicologia dei Prezzi:** Comprendere la psicologia dei prezzi può essere cruciale. Piccoli trucchi, come impostare i prezzi appena al di sotto di un numero tondo (€19,99 invece di €20,00), possono influenzare la percezione del cliente e stimolare le vendite.

22. **Sconti e Offerte:** Offrire sconti e promozioni in modo strategico può attrarre clienti e stimolare le vendite, ma è essenziale farlo in modo da non erodere eccessivamente i margini di profitto.

23. **Test A/B:** Esegui test A/B sui prezzi per capire quali strategie funzionano meglio con il tuo pubblico. Ciò potrebbe rivelare opportunità insospettate per ottimizzare i prezzi e aumentare i profitti.

24.     **Valore Aggiunto:** Pensa a come puoi aggiungere valore ai tuoi prodotti senza aumentare significativamente i costi. Questo potrebbe giustificare un prezzo di vendita più alto e migliorare il margine di profitto.

25.     **Fidelizzazione del Cliente:** Focalizzati sulla costruzione di relazioni a lungo termine con i tuoi clienti. I clienti fedeli sono spesso disposti a pagare di più per prodotti da marchi di cui si fidano.

26.     **Analisi dei Costi:** Effettua regolarmente un'analisi approfondita dei costi. Questo ti aiuterà a identificare aree in cui puoi risparmiare, migliorando così i margini di profitto senza alterare i prezzi.

27.     **Strategie di Prezzo Geografico:** Considera se ci sono opportunità per variare i prezzi a seconda della geografia. Diverse regioni potrebbero avere diverse sensibilità ai prezzi.

28.     **Comunicazione del Valore:** Lavora sulla comunicazione efficace del valore dei tuoi prodotti. Quando i clienti percepiscono un alto valore, sono generalmente disposti a pagare di più.

29.     **Osservazione delle Tendenze:** Mantieni un occhio sulle tendenze di mercato e

del settore. L'adattamento rapido ai cambiamenti può darti un vantaggio competitivo in termini di prezzi.

30. **Controllo delle Recensioni:** Monitora regolarmente le recensioni dei clienti sui tuoi prodotti. Un prodotto ben recensito può giustificare un prezzo più alto nel mercato.

Ricorda, la chiave è mantenere un equilibrio tra offrire valore ai tuoi clienti e mantenere sani margini di profitto. Essere innovativi, restare informati sulle dinamiche di mercato e ascoltare attentamente i tuoi clienti ti aiuterà a formulare una strategia di prezzo e profitto efficace e sostenibile.

31. **Politiche di Rimborso e Reso:** Una politica di reso chiara e semplice può giustificare prezzi leggermente più alti, in quanto i clienti potrebbero essere disposti a pagare di più per la tranquillità che ciò comporta.

32. **Ricerca della Concorrenza:** Analizza i prezzi dei tuoi concorrenti regolarmente. Mantenere i prezzi competitivi senza compromettere la qualità è cruciale per attrarre e mantenere clienti.

33. **Pacchetti e Bundle:** Offrire prodotti in pacchetti o bundle può incentivare gli acquirenti

ad acquistare più articoli, aumentando così il totale della transazione e migliorando i margini.

34. **Programmi di Loyalty:** I programmi di loyalty possono incentivare ripetute transazioni da parte dei clienti, il che può aiutare a mantenere un flusso costante di entrate pur mantenendo prezzi stabili.

35. **Limitazione delle Offerte:** Limitare la disponibilità di sconti e offerte speciali a periodi specifici può creare un senso di urgenza e stimolare gli acquisti.

36. **Upselling e Cross-selling:** Tecniche di upselling e cross-selling possono incrementare il valore dell'ordine medio, aumentando di conseguenza i profitti.

37. **Costi Nascosti:** Evita costi nascosti e oneri aggiuntivi inaspettati, poiché possono alienare i clienti e danneggiare la reputazione del tuo brand.

38. **Strategie di Pricing Dinamico:** Adottare strategie di pricing dinamico può aiutarti a ottimizzare i prezzi in base alla domanda, all'inventario e ad altri fattori di mercato.

39. **Percezione del Brand:** Lavora costantemente sulla percezione del tuo brand nel mercato. Un brand forte e positivo può giustificare prezzi più elevati.

40. **Analisi delle Performance:** Monitorare e analizzare le performance delle tue strategie di prezzo può aiutarti a fare aggiustamenti necessari e ottimizzare i margini di profitto.

Esplorare e combinare diverse strategie ti consentirà di trovare il giusto equilibrio che funziona per il tuo business, contribuendo al successo a lungo termine del tuo negozio online.

Concludendo, la definizione delle strategie di prezzi e il calcolo del margine di profitto sono elementi fondamentali nella gestione di un negozio su piattaforme come Etsy e Shopify. Non si tratta solo di fissare un prezzo per un prodotto, ma di sviluppare un approccio olistico che consideri vari fattori come i costi di produzione, la concorrenza, il valore percepite del brand, e le aspettative del cliente.

É cruciale fare una ricerca approfondita sulla concorrenza, analizzando non solo i loro prezzi ma anche la qualità dei prodotti, le politiche di reso, e il valore del brand. Questo ti fornirà insights preziosi su come posizionare i tuoi prodotti nel mercato e su come potresti giustificare prezzi premium attraverso valore aggiunto e differenziazione.

L'utilizzo di tecniche come pacchetti, upselling e cross-selling, e la creazione di programmi di loyalty sono strumenti efficaci per massimizzare il valore dell'ordine medio e migliorare la redditività. Allo stesso tempo, essere trasparenti sui costi, evitare costi nascosti e oneri aggiuntivi, e offrire un servizio clienti di alta qualità contribuiranno a costruire la fiducia del cliente e a giustificare prezzi più elevati.

Adottare strategie di pricing dinamico può essere utile, soprattutto in un ambiente di e-commerce in cui la domanda e l'offerta sono in costante evoluzione. Tuttavia, è essenziale monitorare attentamente l'impatto di tali strategie per evitare potenziali effetti negativi sulla percezione del cliente e sulla reputazione del brand.

Infine, è indispensabile implementare un sistema robusto di analisi delle performance. Monitorare i KPIs chiave, analizzare i dati delle vendite e adattare le strategie di prezzo in base ai risultati ottenuti contribuiranno a ottimizzare i margini di profitto e a garantire la sostenibilità e il successo a lungo termine del tuo negozio online.

In sintesi, il pricing è un arte delicata che richiede attenzione, ricerca, e adattabilità. Attraverso l'implementazione di strategie ponderate e l'analisi continua delle performance, è possibile costruire un modello di business redditizio e sostenibile su piattaforme come Etsy e Shopify.

11. Gestione delle Spese • Come gestire le spese e massimizzare i profitti.

Nella gestione di un negozio online su piattaforme come Etsy e Shopify, la gestione efficace delle spese è cruciale per assicurare che il business sia non solo sostenibile, ma anche proficuo. La chiave sta nel bilanciare gli investimenti necessari con una spesa consapevole, mirata a massimizzare il ritorno sull'investimento.

1. **Analisi delle Spese:** Inizia col fare un'analisi approfondita delle tue spese correnti. Categorizza ogni spesa e valuta il suo impatto sul tuo business. Questo ti aiuterà a identificare aree in cui è possibile ridurre i costi senza compromettere la qualità del prodotto o del servizio.

2. **Budgeting:** Stabilisci un budget dettagliato che tenga conto di tutte le spese operative, da quelle fisse come l'affitto dello spazio di lavoro e le utilities, a quelle variabili come i costi di produzione e spedizione. Un budget ben

strutturato ti aiuterà a prevenire la spesa eccessiva e a garantire la liquidità necessaria.

3. **Ottimizzazione dei Costi di Produzione:** Esamina i tuoi costi di produzione e cerca modi per ottimizzarli. Questo potrebbe includere la negoziazione di prezzi migliori con i fornitori, l'acquisto di materiali in bulk per ottenere sconti, o l'adozione di processi di produzione più efficienti.

4. **Gestione delle Spedizioni:** Le spese di spedizione possono influenzare significativamente i margini di profitto. Valuta diversi corrieri, considera l'adozione di un sistema di gestione delle spedizioni, e offri opzioni di spedizione a costi variabili per soddisfare le esigenze dei clienti senza compromettere la redditività.

5. **Investimenti in Marketing e Pubblicità:** Il marketing è essenziale, ma può essere costoso. Misura l'efficacia delle tue campagne pubblicitarie, sperimenta diverse strategie, e allinea il budget di marketing con il ritorno sull'investimento atteso.

6. **Tecnologia e Software:** Valuta attentamente quali strumenti tecnologici e software sono essenziali per il tuo business. Cerca soluzioni che

offrano un buon rapporto qualità-prezzo e che possano scalare con la crescita del tuo business.

7. **Gestione delle Risorse Umane:** Ottimizza la gestione del personale attraverso una pianificazione efficace, la formazione continua, e la promozione di un ambiente di lavoro positivo che riduca il turnover e aumenti la produttività.

8. **Riduzione degli Sprechi:** Adotta pratiche sostenibili per ridurre gli sprechi di materiali e risorse, che non solo aiuteranno l'ambiente ma contribuiranno anche a ridurre i costi.

9. **Riserva per Imprevisti:** Mantieni una riserva finanziaria per far fronte a spese impreviste o a periodi di calo delle vendite. Questo ti darà una maggiore sicurezza finanziaria e ti permetterà di gestire il business con maggiore serenità.

10. **Monitoraggio e Revisione:** Infine, è fondamentale monitorare regolarmente le spese e adattare le strategie di gestione finanziaria in base ai cambiamenti nel mercato, nell'industria, e nel tuo stesso business.

Ricorda, la gestione efficace delle spese è un processo continuo che richiede attenzione, adattabilità e una comprensione approfondita del tuo business e del mercato in cui operi. Attraverso una pianificazione attenta e decisioni ponderate, è possibile massimizzare i profitti e assicurare la crescita sostenibile del tuo negozio online.

## Relazioni con i Fornitori

Mantenere relazioni solide e trasparenti con i fornitori può offrirti benefici significativi. Puoi negoziare termini di pagamento favorevoli, ottenere sconti per acquisti in quantità o pagamenti tempestivi, e garantirti una maggiore flessibilità nelle condizioni contrattuali.

## Approccio Scalabile

Adotta un approccio scalabile nella strutturazione delle tue operazioni. Questo ti permetterà di espandere o ridurre le attività in base alla domanda, senza incorrere in costi inutili. Esplora opzioni come la produzione su richiesta o l'outsourcing di alcuni servizi per mantenere una struttura agile.

## Analisi delle Prestazioni

Impiega strumenti analitici per monitorare le prestazioni del tuo negozio e identificare tendenze, punti di forza e aree di miglioramento. L'analisi dei dati può rivelare insight preziosi su come ottimizzare i costi e aumentare l'efficienza operativa.

## Risparmio Energetico

Considera l'implementazione di soluzioni eco-energetiche nel tuo spazio di lavoro o nel processo produttivo. Il risparmio energetico non solo riduce l'impatto ambientale, ma può anche abbattere significativamente i costi operativi a lungo termine.

## Formazione del Personale

Investi nella formazione del tuo personale per migliorare le competenze e l'efficienza. Un team ben formato può contribuire a ridurre gli errori, migliorare il servizio clienti e incrementare la produttività, influenzando positivamente i risultati finanziari.

## Promozioni e Sconti

Gestisci con attenzione le promozioni e gli sconti. Sebbene possano aumentare le vendite a breve termine, è essenziale valutare il loro impatto sui margini di profitto e assicurarsi che non compromettano la sostenibilità finanziaria.

## Feedback dei Clienti

Ascolta attentamente il feedback dei clienti per identificare potenziali aree di risparmio o miglioramento. I clienti possono offrire una prospettiva esterna preziosa e aiutarti a ottimizzare l'offerta di prodotti o servizi.

## Automazione dei Processi

Esplora le possibilità di automazione dei processi amministrativi, di produzione o di customer service. L'automazione può ridurre il carico di lavoro manuale, minimizzare gli errori e liberare risorse per attività a maggior valore aggiunto.

## Ricerca di Finanziamenti e Agevolazioni

Infine, informarsi su eventuali finanziamenti, sovvenzioni o agevolazioni fiscali disponibili per le piccole imprese o gli imprenditori online. Queste risorse possono fornire un sostegno finanziario vitale e aiutare a mitigare i costi di avvio o espansione.

## Ottimizzazione delle Risorse

Ottimizzare l'utilizzo delle risorse è essenziale. Analizza regolarmente come le risorse vengono utilizzate e cerca modi per aumentare l'efficienza, riducendo così i costi. Ad esempio, l'utilizzo efficiente del magazzino può ridurre le spese di immagazzinaggio.

## Valutazione del ROI

Valutare il ritorno sull'investimento (ROI) delle diverse attività di marketing e pubblicità ti aiuterà a allocare il budget in modo più efficace. Concentrati sulle attività che generano i migliori risultati e riduci le spese per quelle meno performanti.

## Controllo Regolare delle Finanze

Effettua controlli regolari delle finanze dell'azienda.
Mantenere un bilancio aggiornato e monitorare
attentamente le entrate e le uscite ti aiuterà a
identificare eventuali problemi e a reagire
prontamente.

## Gestione dell'Inventario

Una gestione efficace dell'inventario è cruciale. Troppo
stock può portare a costi di magazzino elevati, mentre
troppo poco può portare a perdite di vendita. Utilizza
software di gestione dell'inventario per mantenere
livelli ottimali.

## Programmi di Fidelizzazione

Implementa programmi di fidelizzazione per
incentivare i clienti a tornare e a spendere di più,
aumentando così il valore del cliente nel tempo, senza
incrementare significativamente i costi di acquisizione.

## Adattamento alle Tendenze di Mercato

Adattarsi rapidamente alle tendenze di mercato può
consentire di capitalizzare su nuove opportunità e
ridurre i rischi. Ricerca continuamente le tendenze
emergenti e adatta l'offerta di prodotti e servizi di
conseguenza.

## Pianificazione Fiscale

La pianificazione fiscale è un elemento chiave della gestione delle spese. Consulta un consulente fiscale per assicurarti di approfittare di tutte le detrazioni fiscali disponibili e per gestire al meglio gli obblighi tributari.

## Costi Variabili e Fissi

Rivedi regolarmente i costi variabili e fissi e cerca modi per ridurli. Ad esempio, confronta i fornitori di servizi regolarmente per assicurarti di ottenere le migliori tariffe disponibili.

## Test A/B

Esegui test A/B su diversi aspetti del tuo negozio online, come i prezzi, le descrizioni dei prodotti, e le immagini. Questo ti permetterà di ottimizzare le conversioni e, di conseguenza, i profitti.

## Partnership Strategiche

Considera la possibilità di formare partnership strategiche con altre aziende. Questo può portare a nuove opportunità di business, riduzione dei costi e aumento della visibilità del marchio.

## Risoluzione Proattiva dei Problemi

Infine, adotta un approccio proattivo nella risoluzione dei problemi. Identifica e affronta i problemi non appena emergono, per evitare che si trasformino in ostacoli significativi.

Questi sono solo alcuni modi in cui è possibile gestire le spese e massimizzare i profitti nel tuo negozio online, ma è importante personalizzare queste strategie in base alle specifiche esigenze del tuo business.

In conclusione, la gestione delle spese è un elemento cruciale per garantire la sostenibilità e la crescita del tuo negozio online. Implementando le strategie menzionate, come l'ottimizzazione delle risorse, la valutazione accurata del ROI, la gestione diligente dell'inventario e l'adattamento agile alle tendenze di mercato, è possibile massimizzare i profitti e assicurare il successo a lungo termine.

È fondamentale mantenere un equilibrio tra i costi operativi e le spese di investimento. Questo significa valutare attentamente ogni spesa, ponderando i benefici a lungo termine rispetto ai costi immediati, e cercando sempre opportunità per migliorare l'efficienza e ridurre i costi senza compromettere la qualità del servizio o del prodotto offerto.

Un'altra componente chiave è la pianificazione fiscale. Collaborare con consulenti fiscali o contabili esperti ti permetterà di navigare nel complesso sistema fiscale, beneficiando di eventuali detrazioni e evitando sanzioni per inadempienze.

Le partnership strategiche, inoltre, possono essere una fonte preziosa di risorse e competenze, permettendoti di accedere a nuovi mercati o di ottimizzare la catena del valore. L'innovazione e l'adattabilità sono fondamentali: stare al passo con le ultime tendenze di mercato e le tecnologie emergenti può offrire un vantaggio competitivo significativo.

L'uso di tecnologie come il software di gestione dell'inventario e gli strumenti di analisi delle performance può facilitare la monitorizzazione e l'ottimizzazione delle operazioni. I test A/B e altre metodologie di ricerca possono aiutarti a comprendere meglio le preferenze dei clienti e ad adattare di conseguenza il tuo approccio.

Infine, la proattività nella risoluzione dei problemi e l'attenzione costante alla soddisfazione del cliente sono essenziali per costruire un marchio forte e fidelizzare la clientela. Prevenire è sempre meglio che curare, quindi affronta i problemi prima che diventino criticità.

In ultima analisi, la gestione efficace delle spese richiede un mix equilibrato di strategia, attenzione ai dettagli, innovazione e flessibilità. È un processo continuo che, se gestito correttamente, può portare a un aumento della redditività e al successo sostenibile nel tempo.

12. Gestione dell'Inventario • Tracciare e gestire
efficacemente l'inventario.

La gestione dell'inventario è uno degli aspetti più critici
nel gestire un negozio su piattaforme come Etsy e
Shopify. Una gestione efficace dell'inventario assicura
che i prodotti siano sempre disponibili per i clienti,
evitando stock eccessivi o insufficienti, entrambi
dannosi per la salute finanziaria dell'azienda.

1. **Sistemi di Gestione dell'Inventario**:
   Utilizzare sistemi di gestione dell'inventario
   automatizzati può semplificare enormemente il
   processo, permettendo di tracciare in tempo
   reale la quantità e la posizione di ogni articolo.
   Shopify, ad esempio, offre strumenti integrati per
   la gestione dell'inventario.

2. **Analisi delle Vendite**: Analizzare i dati delle
   vendite passate aiuta a prevedere la domanda
   futura, permettendo di adeguare i livelli di stock
   in base ai periodi di maggiore o minore affluenza.

3. **Pianificazione Stagionale**: Considerare la
   stagionalità è essenziale; alcuni prodotti
   potrebbero avere una domanda maggiore in certi
   periodi dell'anno, quindi è necessario adeguare
   l'inventario di conseguenza.

4. **Rapporto con i Fornitori**: Mantenere buoni rapporti con i fornitori è fondamentale. Comunicare regolarmente con loro permette di assicurarsi tempi di consegna affidabili e di risolvere prontamente eventuali problemi.

5. **Sconti e Promozioni**: Gestire sconti e promozioni in modo strategico può aiutare a liberarsi degli stock in eccesso senza compromettere eccessivamente i margini di profitto.

6. **Controllo Qualità**: Verificare la qualità dei prodotti in arrivo e in magazzino riduce il rischio di vendere articoli difettosi, che potrebbero danneggiare la reputazione del negozio e comportare costi aggiuntivi per i resi.

7. **Politiche di Reso**: Stabilire politiche di reso chiare e convenienti aiuta a gestire i resi in modo efficiente e a mantenere la soddisfazione del cliente.

8. **Sicurezza del Magazzino**: Assicurarsi che il magazzino sia sicuro e che i prodotti siano protetti da danni o furti è essenziale per evitare perdite.

9. **Formazione del Personale**: Formare adeguatamente il personale responsabile

dell'inventario aiuta a ridurre errori e migliora l'efficienza.

10.    **Monitoraggio Costante**: Infine, è fondamentale monitorare costantemente l'inventario e adeguare rapidamente le strategie in base alle variazioni della domanda o ad altri fattori esterni.

In sintesi, la gestione dell'inventario è un compito complesso che richiede attenzione, pianificazione e adattabilità. Implementando le pratiche sopra descritte, si può ottimizzare l'inventario, ridurre i costi e massimizzare i profitti.

11. **Tecnologie e Software**: L'implementazione di tecnologie e software avanzati per la gestione dell'inventario può automatizzare molte operazioni, come l'aggiornamento dei livelli di stock e l'invio di ordini ai fornitori, riducendo la possibilità di errori umani e migliorando l'efficienza complessiva.

12. **Back-Ordering**: Avere una strategia di back-ordering efficace permette di gestire gli ordini anche quando i prodotti sono temporaneamente non disponibili, garantendo continuità nelle vendite e mantenendo la soddisfazione dei clienti.

13. **Lead Time di Approvvigionamento**: Calcolare accuratamente i tempi di approvvigionamento e adattare l'inventario di conseguenza può aiutare a prevenire rotture di stock e a mantenere fluidità nelle operazioni.

14. **Previsione della Domanda**: L'utilizzo di tecniche di previsione della domanda, come l'analisi dei dati storici e l'intelligenza artificiale, può aiutare a prevedere le tendenze future e a preparare adeguatamente l'inventario.

15. **Gestione dei Resi**: La gestione efficiente dei resi è essenziale per minimizzare le perdite e mantenere un buon rapporto con i clienti. Questo include una rapida ricollocazione dei prodotti resi nell'inventario e la verifica della loro condizione.

16. **Etichettatura e Codificazione**: Utilizzare sistemi di etichettatura e codificazione efficaci facilita l'identificazione e il tracciamento dei prodotti, contribuendo a prevenire errori e perdite.

17. **Gestione delle Scorte di Sicurezza**: Mantenere un livello adeguato di scorte di sicurezza aiuta a prevenire interruzioni nelle vendite dovute a fluttuazioni impreviste nella domanda o ritardi nella catena di approvvigionamento.

18. **Analisi ABC**: L'analisi ABC classifica l'inventario in base al suo valore, permettendo di focalizzare l'attenzione e le risorse sui prodotti più importanti.

19. **Audit Regolari**: Eseguire audit regolari dell'inventario aiuta a individuare e correggere discrepanze, prevenendo così problemi futuri.

20. **Ottimizzazione dello Spazio di Magazzino**: Un'organizzazione efficiente dello spazio di magazzino assicura che i prodotti siano facilmente accessibili e riduce i tempi di preparazione degli ordini.

21. **Strategie di Sourcing**: Esplorare e implementare diverse strategie di sourcing può contribuire a ridurre i costi di acquisto e a migliorare la qualità dei prodotti.

L'attenzione a questi dettagli contribuirà a creare un sistema di gestione dell'inventario robusto e resiliente, capace di affrontare le sfide del mercato e di supportare la crescita e la prosperità del tuo negozio su Etsy o Shopify.

22. **Rapporti con i Fornitori**: Stabilire e mantenere buoni rapporti con i fornitori può aiutare a garantire la continuità dell'approvvigionamento, negoziare condizioni migliori e risolvere rapidamente eventuali problemi.

23. **Automazione dei Flussi di Lavoro**: Integrare soluzioni di automazione per la gestione dei flussi di lavoro dell'inventario può ridurre il carico di lavoro manuale e minimizzare il rischio di errori.

24. **Formazione del Personale**: Assicurarsi che il personale coinvolto nella gestione dell'inventario sia adeguatamente formato e aggiornato sulle migliori pratiche può migliorare l'efficienza e la precisione.

25. **Gestione dei Dati**: Un efficace sistema di gestione dei dati consente di monitorare e analizzare le informazioni relative all'inventario, facilitando la pianificazione e la presa di decisioni informate.

26. **Strategie di Liquidazione**: Sviluppare strategie per liquidare efficacemente l'eccesso di inventario può contribuire a minimizzare le perdite e liberare spazio di magazzino.

27. **Responsabilità Ambientale**: Implementare pratiche di gestione dell'inventario eco-sostenibili può migliorare l'immagine dell'azienda e contribuire alla sostenibilità ambientale.

28. **Adattabilità e Scalabilità**: Avere un sistema di gestione dell'inventario che sia adattabile e scalabile è fondamentale per poter rispondere alle esigenze di un'azienda in crescita o a cambiamenti nel mercato.

29. **Monitoraggio in Tempo Reale**: La capacità di monitorare l'inventario in tempo reale permette di rispondere rapidamente a cambiamenti nella domanda, ridurre gli sprechi e migliorare il servizio al cliente.

30. **Integrazione con Altre Piattaforme**: L'integrazione dell'inventario con altre piattaforme di vendita e software di gestione può contribuire a mantenere l'accuratezza dei dati e semplificare le operazioni.

31. **Gestione dei Rischi**: Identificare e mitigare proattivamente i rischi associati alla gestione dell'inventario può prevenire interruzioni e perdite finanziarie.

32. **Normative e Conformità**: Mantenere l'inventario in conformità con le normative locali,

nazionali e internazionali è essenziale per evitare sanzioni e assicurare la legalità delle operazioni.

33.     **Tecnologia RFID**: L'adozione della tecnologia RFID per il tracciamento dei prodotti può migliorare l'accuratezza e l'efficienza della gestione dell'inventario.

34.     **Analisi delle Performance**: Condurre regolari analisi delle performance dell'inventario aiuta a identificare aree di miglioramento e ottimizzare le strategie di gestione.

L'attenzione a questi ulteriori aspetti può significativamente migliorare la gestione dell'inventario, contribuendo al successo complessivo del tuo negozio online su piattaforme come Etsy e Shopify.

35.     **Sistemi di Codici a Barre**: Implementare sistemi di codici a barre per un facile tracciamento e localizzazione dei prodotti all'interno del magazzino, aumentando così l'efficienza e riducendo gli errori.

36.     **Ottimizzazione dello Spazio di Magazzino**: Valutare e migliorare la disposizione e l'utilizzo dello spazio di magazzino può aiutare a massimizzare la capacità e facilitare le operazioni di prelievo e stoccaggio.

37. **Sicurezza dell'Inventario**: Implementare misure di sicurezza per prevenire furti e danni all'inventario è fondamentale per minimizzare le perdite e assicurare la continuità delle operazioni.

38. **Previsioni della Domanda**: Utilizzare strumenti e metodi per prevedere accuratamente la domanda futura può aiutare a mantenere livelli di inventario ottimali e ridurre il rischio di stockouts o eccessi di stock.

39. **Strategie di Acquisto**: Sviluppare strategie di acquisto efficaci per garantire che l'inventario sia acquistato ai migliori prezzi possibili, tenendo conto di fattori quali qualità, quantità e tempi di consegna.

40. **Retrologistica**: Gestire efficacemente la retrologistica, inclusi i resi e le garanzie, è cruciale per mantenere la soddisfazione del cliente e ridurre i costi associati.

41. **Sostenibilità del Packaging**: Considerare l'uso di materiali di imballaggio sostenibili e ridurre i rifiuti nel processo di imballaggio può contribuire a ridurre l'impatto ambientale dell'azienda.

42. **Collaborazione con i Partner Logistici**: Stabilire collaborazioni efficaci con i

partner logistici può migliorare la puntualità delle consegne e ridurre i costi di spedizione.

43. **Controllo Qualità**: Implementare procedure di controllo qualità per assicurare che i prodotti in magazzino soddisfino gli standard richiesti è essenziale per mantenere la reputazione del marchio.

44. **Pianificazione delle Risorse**: Ottimizzare l'allocazione delle risorse umane e materiali in relazione alle esigenze di gestione dell'inventario può aumentare l'efficienza operativa.

45. **Gestione delle Crisi**: Sviluppare piani di gestione delle crisi per affrontare eventuali interruzioni delle operazioni, come guasti tecnologici o catastrofi naturali, è fondamentale per la resilienza aziendale.

46. **Feedback dei Clienti**: Raccogliere e analizzare il feedback dei clienti riguardo i prodotti può fornire preziose informazioni per migliorare l'inventario e soddisfare meglio le esigenze del mercato.

47. **Aggiornamenti Tecnologici**: Mantenere aggiornate le tecnologie utilizzate nella gestione dell'inventario è cruciale per assicurare l'efficienza e rimanere competitivi nel mercato.

48.    **Sviluppo di Competenze**: Investire nella formazione e nello sviluppo delle competenze del personale responsabile dell'inventario può migliorare la produttività e ridurre gli errori.

49.    **Analisi Costi-Benefici**: Eseguire regolari analisi costi-benefici per valutare l'efficacia delle strategie di gestione dell'inventario e identificare opportunità di miglioramento.

50.    **Gestione delle Scorte di Sicurezza**: Calcolare e mantenere adeguate scorte di sicurezza può prevenire interruzioni nelle vendite dovute a stockouts imprevisti.

Questi sono ulteriori aspetti che, se gestiti con attenzione, possono portare a una gestione dell'inventario molto più fluida e efficiente, favorendo il successo del tuo business online.

Per concludere, la gestione efficace dell'inventario è una componente fondamentale per il successo di un'impresa, specialmente nel contesto del commercio online. L'implementazione di strategie di gestione dell'inventario che includono il monitoraggio e l'analisi accurata delle scorte, l'adozione di tecnologie avanzate, e l'ottimizzazione dei processi logistici, può portare a significativi benefici operativi ed economici.

La capacità di prevedere accuratamente la domanda e mantenere livelli di inventario ottimali può ridurre il rischio di eccedenze e carenze di stock, mentre la collaborazione con fornitori e partner logistici può migliorare la puntualità delle consegne e ottimizzare i costi. Inoltre, l'attenzione alla qualità dei prodotti e la sostenibilità del packaging sono elementi chiave per costruire una reputazione positiva del marchio e soddisfare le crescenti aspettative dei consumatori in termini di responsabilità ambientale.

Investire nella formazione del personale e nell'aggiornamento delle competenze può portare a un aumento della produttività e a una riduzione degli errori in tutti i processi legati alla gestione dell'inventario. La raccolta e l'analisi del feedback dei clienti, unitamente a un continuo miglioramento basato su analisi costi-benefici, sono essenziali per rimanere competitivi e adattarsi alle dinamiche del mercato.

In definitiva, la gestione dell'inventario non è soltanto un'esigenza operativa, ma un'opportunità strategica per migliorare l'efficienza, ridurre i costi, e incrementare la soddisfazione del cliente, favorendo così la crescita e la sostenibilità dell'impresa nel lungo termine. La considerazione e l'implementazione di tutti gli aspetti menzionati possono effettivamente contribuire a formare una base solida per la gestione dell'inventario, incidendo positivamente sulla performance complessiva dell'azienda.

13. Servizio Clienti Eccellente • Tecniche per offrire un servizio clienti eccezionale.

Nel mondo degli affari online, offrire un servizio clienti eccezionale è essenziale per costruire la lealtà del cliente e ottenere un vantaggio competitivo. Le tecniche per migliorare il servizio clienti possono essere molteplici, ma alcune delle più efficaci includono:

1. **Ascolto Attivo:**

   - Prestare attenzione alle richieste e ai feedback dei clienti è fondamentale. Ascoltare attivamente e rispondere in modo appropriato può aiutare a risolvere i problemi efficacemente e a costruire relazioni positive.

2. **Risposta Rapida:**

   - In un'era digitale, i clienti si aspettano risposte rapide. Utilizzare piattaforme di messaggistica istantanea, email e social media può aiutare a interagire con i clienti in tempo reale.

3. **Personalizzazione:**

- Personalizzare le comunicazioni può far sentire i clienti valorizzati. Utilizzare il nome del cliente e tenere traccia delle loro preferenze può migliorare l'esperienza del cliente.

4. **Soluzioni Proattive:**

- Anticipare i problemi prima che si verifichino e offrire soluzioni proattive può migliorare la reputazione del marchio e la soddisfazione del cliente.

5. **Flessibilità e Adattabilità:**

- Essere flessibili nelle politiche di restituzione e cambio e adattarsi alle esigenze specifiche dei clienti può contribuire a costruire la fiducia e la lealtà.

6. **Formazione del Personale:**

- Investire nella formazione del personale del servizio clienti può migliorare la qualità del servizio e aumentare la soddisfazione del cliente.

7. **Programmi di Fedeltà:**

- Creare programmi di fedeltà e offrire sconti ai clienti abituali può incentivare la ripetizione degli acquisti e la lealtà al marchio.

8. **Richiesta di Feedback e Recensioni:**

- Chiedere feedback e recensioni ai clienti può aiutare a migliorare il servizio e a identificare aree di miglioramento.

9. **Tecnologia e Strumenti di Supporto:**

- Adottare tecnologie come chatbot, CRM e sistemi di ticketing può aiutare a gestire le richieste dei clienti in modo efficiente e tempestivo.

10. **Gestione delle Reclamazioni:**

- Trattare le reclamazioni con serietà, risolverle in modo efficace e offrire compensazioni appropriate può aiutare a mantenere la fiducia del cliente.

11. **Comunicazione Chiara e Trasparente:**

- Fornire informazioni chiare e trasparenti riguardo a prodotti, servizi, termini e condizioni può prevenire malintesi e migliorare la relazione con i clienti.

12. **Apprezzamento e Ringraziamento:**

- Esprimere apprezzamento e ringraziare i clienti per la loro fiducia e lealtà può rafforzare il rapporto e creare un'esperienza positiva.

Incorporando queste tecniche e mantenendo sempre il focus sulle esigenze e le aspettative dei clienti, è possibile offrire un servizio clienti eccezionale, che può tradursi in relazioni a lungo termine, passaparola positivo e successo sostenibile per il business.

13. **Canali di Comunicazione Diversificati:**

- Offrire diversi canali di comunicazione, come email, chat, telefono e social media, permette ai clienti di contattarti nel modo che preferiscono, aumentando così la loro soddisfazione.

14. **FAQ e Risorse Online:**

- Creare una sezione FAQ dettagliata e fornire risorse online può aiutare i clienti a trovare rapidamente risposte alle loro domande, riducendo così il carico sul team di supporto.

15. **Politiche Chiare:**

- Avere politiche di spedizione, restituzione e rimborsi chiare e trasparenti può ridurre la

confusione e i malintesi, migliorando la
fiducia del cliente nel tuo negozio.

16. **Monitoraggio della Soddisfazione del Cliente:**

- Implementare sondaggi e questionari per monitorare la soddisfazione del cliente può fornire dati preziosi su come migliorare ulteriormente il servizio clienti.

17. **Programmi di Miglioramento Continuo:**

- Sviluppare programmi interni per il miglioramento continuo del servizio clienti, basati su feedback e dati analitici, può contribuire a mantenere elevati standard di servizio.

18. **Uso di Analisi e Dati:**

- Analizzare i dati delle interazioni con i clienti può aiutare a identificare tendenze, prevedere problemi e personalizzare l'esperienza del cliente.

19. **Empatia e Cortesia:**

- Formare il personale a mostrare empatia e cortesia in ogni interazione può contribuire a creare un'atmosfera positiva e a risolvere i problemi in modo costruttivo.

20. **Incentivi per il Team di Supporto:**

- Offrire incentivi e riconoscimenti al team di supporto può motivare i membri del team a fornire un servizio eccezionale.

21. **Gestione delle Aspettative:**

- Comunicare chiaramente cosa i clienti possono aspettarsi in termini di tempi di risposta e soluzioni può contribuire a gestire le aspettative e a ridurre la frustrazione.

22. **Omni-Channel Experience:**

- Integrare tutti i canali di comunicazione e vendita può fornire un'esperienza omni-channel fluida e consistente, migliorando la percezione del brand.

23. **Community Building:**

- Creare una community attorno al tuo brand può favorire la lealtà del cliente e offrire un canale aggiuntivo per il supporto e l'engagement.

24. **Responsabilità Sociale:**

- Dimostrare un impegno verso la responsabilità sociale e ambientale può

migliorare la reputazione del brand e
attirare clienti consapevoli.

25. **Tecnologie Emergenti:**

- Esplorare e adottare tecnologie emergenti
  nel campo del servizio clienti può offrire
  nuove opportunità per migliorare
  l'efficienza e l'efficacia del servizio.

Incorporando questi elementi nella strategia di servizio
clienti, è possibile creare un'esperienza utente
superiore che contribuisce alla fidelizzazione della
clientela e alla crescita sostenibile del negozio online.

In conclusione, offrire un servizio clienti eccezionale è
uno degli aspetti fondamentali per il successo di un
negozio online. Implementando un mix ben bilanciato
di canali di comunicazione diversificati, risorse online
utili, politiche chiare e formazione del personale, è
possibile instaurare un rapporto solido e di fiducia con
la clientela. Il monitoraggio costante della
soddisfazione del cliente attraverso sondaggi e
feedback, unito all'analisi dei dati raccolti, consente di
identificare e affrontare prontamente eventuali
problematiche, migliorando continuamente l'offerta di
servizi.

È inoltre essenziale rimanere aggiornati sulle
tecnologie emergenti e le migliori pratiche del settore,
in modo da poter innovare e adattare continuamente

l'approccio al servizio clienti, mantenendo alti standard di qualità e soddisfazione. La creazione di una community e l'impegno verso la responsabilità sociale e ambientale non solo arricchiscono il brand, ma contribuiscono anche a costruire una relazione più profonda e significativa con i clienti, che possono diventare ambasciatori del brand e generare passaparola positivo.

L'importanza di motivare e incentivare il team di supporto non può essere sottovalutata, poiché un team motivato è fondamentale per mantenere un livello elevato di servizio clienti. La gestione delle aspettative dei clienti attraverso una comunicazione chiara e trasparente riduce la possibilità di malintesi e aumenta la fiducia nel brand. Infine, la gestione proattiva e strategica di tutti questi elementi contribuirà non solo a soddisfare, ma anche a superare le aspettative dei clienti, favorendo la loro fidelizzazione e generando, di conseguenza, maggiore redditività e crescita a lungo termine per il negozio online.

14. Politiche del Negozio • Creare politiche di negozio
chiare ed equilibrate.

Creare politiche di negozio chiare ed equilibrate è
essenziale per garantire una gestione fluida del tuo
negozio online e per costruire relazioni solide e di
fiducia con i clienti. Le politiche del negozio fungono
da guida su come il negozio opera, quali sono le
aspettative nei confronti dei clienti e cosa i clienti
possono aspettarsi dal venditore.

1. **Politiche di Reso e Rimborsi:**

   - Una politica di reso e rimborso chiara e
     giusta è fondamentale. Questa dovrebbe
     includere informazioni su come e quando i
     clienti possono restituire i prodotti, in quali
     condizioni, e quali rimborsi o sostituzioni
     possono aspettarsi.

   - È importante offrire soluzioni equilibrate
     che proteggano sia i clienti che il venditore.

2. **Termini e Condizioni:**

   - I Termini e Condizioni delineano le regole
     che i clienti accettano quando acquistano
     nel tuo negozio. Devono essere facilmente
     accessibili, scritte in un linguaggio
     comprensibile e coprire aspetti come l'uso

del sito, la proprietà intellettuale e la risoluzione delle controversie.

3. **Politiche di Spedizione:**

- Le politiche di spedizione dovrebbero fornire dettagli sui tempi di consegna stimati, le opzioni di spedizione disponibili, le tariffe e le informazioni sulla tracciabilità.

- È utile essere trasparenti su eventuali ritardi che possono verificarsi, soprattutto in periodi di alta domanda, come durante le festività.

4. **Politiche sulla Privacy:**

- Una politica sulla privacy robusta e conforme alla legislazione è essenziale per proteggere le informazioni personali dei clienti.

- Questa politica dovrebbe spiegare come vengono raccolti, utilizzati, conservati e protetti i dati dei clienti.

5. **Metodi di Pagamento:**

- Fornisci informazioni chiare sui metodi di pagamento accettati, su come vengono

processati i pagamenti e su eventuali tasse
o commissioni applicabili.

6. **Servizio Clienti:**

   - Includi dettagli su come i clienti possono
     contattare il servizio clienti, gli orari di
     disponibilità e i tempi di risposta previsti.

   - Un buon servizio clienti aumenta la fiducia
     e può contribuire a risolvere eventuali
     problemi prima che si trasformino in
     reclami.

7. **FAQ:**

   - Una sezione FAQ (Frequently Asked
     Questions) ben curata può rispondere a
     molte domande dei clienti e ridurre il
     carico sul servizio clienti.

   - Assicurati di aggiornare regolarmente
     questa sezione in base alle domande e ai
     feedback ricevuti.

Ricorda che la chiarezza e l'equità nelle politiche del
negozio non solo aiutano a prevenire conflitti e
malintesi ma contribuiscono anche a costruire
un'immagine positiva del brand. Inoltre, è importante
mantenere le politiche aggiornate in risposta a
cambiamenti legislativi, di mercato o interni
all'azienda. Infine, assicurati di comunicare

chiaramente eventuali modifiche ai clienti e di rendere le politiche facilmente accessibili attraverso il tuo sito o piattaforma di vendita.

Senza dubbio, implementare politiche di negozio dettagliate è un compito che richiede un'analisi accurata e considerazione di numerosi fattori. Ogni aspetto delle politiche può avere un impatto diretto sulle relazioni con i clienti e sulla reputazione del tuo brand.

## 8. Flessibilità e Adattabilità:

- È vitale che le tue politiche siano flessibili e adattabili ai cambiamenti del mercato, alle esigenze dei clienti e alle leggi vigenti. La flessibilità può anche includere offerte speciali, sconti stagionali e programmi di fedeltà per i clienti abituali.

## 9. Comunicazione e Trasparenza:

- La comunicazione efficace è la chiave. Assicurati che le tue politiche siano facilmente comprensibili, senza termini tecnici o giuridici complessi. La trasparenza nelle operazioni e nelle politiche contribuisce a costruire la fiducia dei clienti e a stabilire relazioni a lungo termine.

**10. Feedback e Miglioramenti:** - Ascolta sempre il feedback dei clienti e cerca di apportare miglioramenti alle tue politiche in base alle loro esperienze e suggerimenti. La revisione e l'aggiornamento regolari delle politiche sono essenziali per mantenerle rilevanti e in linea con le aspettative dei clienti.

**11. Responsabilità Sociale e Sostenibilità:** - Includi nelle tue politiche azioni responsabili sul piano sociale ed ecologico. Mostra ai tuoi clienti che il tuo negozio si preoccupa dell'ambiente e della comunità, che può essere un fattore decisivo per molti acquirenti.

**12. Garanzie e Assicurazioni:** - Fornisci informazioni dettagliate sulle garanzie offerte sui prodotti e sulle assicurazioni disponibili. Questo dà ai clienti sicurezza e fiducia nell'acquisto.

**13. Risoluzione delle Controversie:** - Spiega chiaramente come il tuo negozio gestisce le controversie con i clienti. Una procedura di risoluzione delle controversie equa e trasparente può prevenire danni alla reputazione e perdite finanziarie.

**14. Personalizzazione e Opzioni:** - Se offri prodotti personalizzabili, delineare le politiche relative alla personalizzazione, i costi aggiuntivi, i tempi di produzione e le limitazioni.

**15. Educazione del Cliente:** - Educare i clienti sulle tue politiche può ridurre i malintesi. Offri guide, video, o tutorial che spiegano le tue politiche e come i clienti possono beneficiarne.

**16. Conformità Legale:** - Assicurati che tutte le tue politiche siano in conformità con le leggi e i regolamenti locali e internazionali. La consultazione con un avvocato può essere utile per garantire la conformità e prevenire problemi legali.

Incorporando queste pratiche e tenendo in considerazione le esigenze e le aspettative dei clienti, puoi creare politiche di negozio che non solo proteggono il tuo business, ma anche migliorano l'esperienza di acquisto dei clienti e contribuiscono al successo a lungo termine del tuo negozio online. Ricorda, la soddisfazione del cliente è centrale per la crescita e la prosperità del tuo business.

**17. Etica e Valori:** - Integra nell'ossatura delle tue politiche i valori fondamentali ed etici del tuo brand. Questo aiuta a creare un'identità di marca forte e a stabilire un legame emotivo con i clienti.

**18. Politiche di Reso e Rimborsi:** - Elabora in modo esplicito le condizioni in cui i clienti possono restituire i prodotti o ricevere rimborsi. Considera la possibilità di offrire resi gratuiti o rimborsi completi in determinate circostanze per aumentare la fiducia.

**19. Politiche sulla Privacy e sulla Sicurezza:** - Rassicura i clienti sulla sicurezza dei loro dati. Spiega come vengono raccolti, usati e conservati i loro dati personali. Inoltre, illustra le misure di sicurezza adottate per prevenire accessi non autorizzati o perdite di dati.

**20. Canali di Comunicazione:** - Definisci chiaramente quali sono i canali di comunicazione preferiti e come i clienti possono raggiungerti in caso di domande o problemi. Una comunicazione fluida è fondamentale per risolvere rapidamente le questioni e mantenere la soddisfazione del cliente.

**21. Programmi di Lealtà e Fidelizzazione:** - Se decidi di implementare programmi di fidelizzazione, specifica chiaramente come i clienti possono guadagnare e utilizzare i punti, e quali sono i benefici esclusivi per i membri.

**22. Gestione dei Tempi di Attesa:** - Fornisci informazioni chiare sui tempi di attesa previsti per la risposta del servizio clienti, la spedizione e la consegna dei prodotti, e come gestisci eventuali ritardi.

**23. Inclusività e Diversità:** - Manifesta il tuo impegno verso l'inclusività e la diversità attraverso le tue politiche. Questo può includere l'offerta di prodotti adatti a una varietà di esigenze e preferenze, e l'assunzione di personale diversificato.

**24. Formazione del Personale:** - Assicurati che il tuo personale sia ben formato sulle politiche del negozio. Questo è essenziale per mantenere la coerenza nel servizio clienti e per gestire efficacemente qualsiasi situazione.

**25. Monitoraggio e Revisione Periodica:** - Instaura un processo di monitoraggio e revisione periodica delle politiche per assicurarti che rimangano attuali, efficaci e in linea con le aspettative dei clienti e le normative vigenti.

Queste ulteriori considerazioni possono fornire un quadro completo su come sviluppare e implementare politiche di negozio equilibrate che rispondano alle esigenze del tuo business e dei tuoi clienti. Ricorda, la chiarezza e l'equità nelle politiche sono fondamentali per costruire relazioni solide con i clienti e garantire il successo del tuo negozio.

Concludendo, la creazione di politiche di negozio chiare ed equilibrate è un processo che richiede un'analisi profonda e attenta delle diverse sfaccettature del tuo business e delle esigenze dei tuoi clienti. È vitale assicurarsi che ogni aspetto delle tue politiche sia pensato per costruire la fiducia, promuovere la lealtà e garantire la soddisfazione del cliente, mantenendo nel contempo la sostenibilità e la redditività del tuo business.

Le politiche devono essere formulate in modo chiaro e comprensibile, evitando termini ambigui o fuorvianti, e devono essere facilmente accessibili per i clienti, possibilmente pubblicate sul tuo sito web o su altri canali di comunicazione. La trasparenza è la chiave per evitare malintesi e per gestire le aspettative dei clienti, contribuendo a costruire un'immagine positiva del tuo brand.

È altresì essenziale tenere in considerazione le normative legali vigenti nel settore in cui operi e assicurarsi che le tue politiche siano in conformità con queste. Questo non solo aiuta a evitare potenziali sanzioni legali, ma rafforza anche la tua credibilità agli occhi dei clienti.

Non meno importante è la necessità di una formazione adeguata del personale riguardo le politiche del negozio. Ogni membro del team dovrebbe essere ben informato e capace di applicare le politiche in modo coerente e giusto, contribuendo a offrire un'esperienza clienti uniforme e di qualità.

Infine, le politiche del negozio non devono essere statiche. Il mercato, le esigenze dei clienti e le normative sono in continua evoluzione, e pertanto è fondamentale instaurare un processo di revisione e aggiornamento periodico delle tue politiche. Questo ti permetterà di adattarti ai cambiamenti, migliorare continuamente l'offerta del tuo negozio e mantenere un alto livello di soddisfazione della clientela.

Ricorda, l'obiettivo finale è trovare un equilibrio tra la tutela dei diritti dei clienti e la gestione efficace delle risorse del negozio, il tutto mentre si costruisce un brand forte, affidabile e apprezzato sul mercato.

15. Gestione delle Spedizioni • Metodi e consigli per la spedizione dei prodotti.

La gestione delle spedizioni è un aspetto cruciale per ogni attività commerciale online. È essenziale per garantire che i prodotti arrivino ai clienti in modo tempestivo e sicuro. Ecco alcuni metodi e consigli dettagliati per ottimizzare la gestione delle spedizioni nel tuo negozio online:

**Scelta del Corriere**

1. **Confronta i Corrieri**: Analizza i costi, i tempi di consegna, e l'affidabilità di vari corrieri. Considera anche le opzioni di tracciamento e l'assicurazione delle spedizioni.

2. **Corrieri Locali e Internazionali**: Valuta la possibilità di utilizzare corrieri locali per le

spedizioni nazionali e quelli internazionali per le consegne all'estero.

## Opzioni di Spedizione

3. **Offri Varie Opzioni**: Proponi diverse modalità di spedizione, come standard, espressa, e in giornata, per soddisfare le diverse esigenze dei clienti.

4. **Spedizione Gratuita**: Valuta l'opportunità di offrire la spedizione gratuita, magari con un minimo d'acquisto, per incentivare gli ordini.

## Imballaggio

5. **Materiali di Qualità**: Utilizza materiali di imballaggio di qualità per proteggere i prodotti durante il trasporto.

6. **Dimensioni Ottimizzate**: Scegli la dimensione dell'imballaggio più adatta al prodotto per evitare spazi vuoti e ridurre i costi di spedizione.

## Tracciamento e Aggiornamenti

7. **Fornisci il Tracking**: Invia ai clienti il codice di tracciamento non appena la spedizione è partita.

8. **Aggiornamenti Regolari**: Mantieni i clienti informati sullo stato della loro spedizione, soprattutto in caso di ritardi.

**Tariffe e Tempi**

9. **Transparenza nelle Tariffe**: Sii trasparente riguardo i costi di spedizione e comunica chiaramente le tariffe sul tuo sito.

10. **Tempi di Consegna Chiari**: Fornisci stime accurate dei tempi di consegna e aggiorna i clienti in caso di variazioni.

## Gestione delle Restituzioni

11. **Politica di Reso Chiara**: Stabilisci e comunica chiaramente le condizioni per le restituzioni e i rimborsi.

12. **Facilità di Reso**: Rendi il processo di reso semplice e senza stress per i clienti, offrendo, ad esempio, etichette di reso prepagate.

## Tecnologia e Software

13. **Utilizzo di Software di Spedizione**: Adotta software di gestione delle spedizioni per semplificare la creazione delle etichette, il tracciamento, e la gestione delle restituzioni.

14. **Integrazione con la Piattaforma E-commerce**: Assicurati che il software di spedizione sia integrato con la tua piattaforma e-commerce per automatizzare il flusso di lavoro.

## Analisi e Ottimizzazione

15. **Monitora le Prestazioni**: Analizza regolarmente le prestazioni dei corrieri e i tempi di consegna per identificare aree di miglioramento.

16. **Ottimizzazione dei Costi**: Rinegozia regolarmente i contratti di spedizione e cerca opportunità per ridurre i costi, ad esempio, sfruttando gli sconti per volumi.

Seguendo questi consigli e metodologie, potrai ottimizzare la gestione delle spedizioni, migliorare l'esperienza del cliente e, di conseguenza, aumentare la reputazione e la competitività del tuo negozio online. Ricorda, la soddisfazione del cliente è fondamentale, e una gestione efficiente delle spedizioni contribuisce significativamente a raggiungere questo obiettivo.

La gestione delle spedizioni, essendo un componente essenziale del commercio online, richiede un'attenzione particolare a diversi aspetti, che vanno dalla sostenibilità ambientale alla gestione delle relazioni con i clienti.

## Sostenibilità Ambientale

Nella scelta dei materiali di imballaggio, considera opzioni eco-compatibili e riciclabili. L'utilizzo di materiali sostenibili non solo riduce l'impronta ecologica, ma può anche migliorare l'immagine del brand, attirando clienti consapevoli. Esplora soluzioni di imballaggio creativo che minimizzino gli sprechi e utilizza inchiostri ecologici per la stampa delle etichette.

## Personalizzazione

Offri opzioni di personalizzazione dell'imballaggio e delle etichette. Questo può migliorare l'esperienza del cliente e creare un collegamento emotivo con il brand. Ad esempio, l'inserimento di un messaggio personalizzato o di campioni di prodotti può fare la differenza nella percezione del cliente.

## Assicurazione e Responsabilità

Valuta attentamente le opzioni di assicurazione per la merce spedita. In caso di danni o perdite, è essenziale avere una copertura adeguata. Fornisci inoltre informazioni chiare sui termini e le condizioni di responsabilità in caso di problemi durante la spedizione.

## Feedback dei Clienti

Raccogli regolarmente feedback dai clienti riguardo la loro esperienza di spedizione. Questo ti permetterà di individuare eventuali problemi e migliorare continuamente il servizio. Un feedback positivo in questo ambito può anche essere utilizzato nelle strategie di marketing e di fidelizzazione della clientela.

## Formazione del Personale

Assicurati che il personale coinvolto nella gestione delle spedizioni sia adeguatamente formato. Una formazione accurata può ridurre gli errori, migliorare l'efficienza e aumentare la soddisfazione del cliente. Aggiorna regolarmente il personale su nuove tecnologie e best practices nel settore delle spedizioni.

## Relazioni con i Fornitori

Mantieni relazioni positive e costruttive con i fornitori di servizi di spedizione. Una buona comunicazione e una collaborazione efficace possono aiutare a risolvere rapidamente eventuali problemi e a negoziare tariffe più vantaggiose.

## Gestione delle Spedizioni Internazionali

Per le spedizioni internazionali, è essenziale conoscere le normative doganali e le tasse applicabili nei diversi paesi. Offri informazioni dettagliate ai clienti su eventuali costi aggiuntivi e tempi di consegna più lunghi dovuti ai controlli doganali.

## Flessibilità e Adattabilità

Infine, sviluppa una strategia di spedizione flessibile e adattabile. Il mercato e le esigenze dei clienti sono in continua evoluzione, e una strategia efficace oggi potrebbe non esserlo domani. Rimanere aggiornati sulle tendenze del settore, adattare le pratiche in base ai feedback dei clienti e innovare costantemente possono contribuire al successo a lungo termine della gestione delle spedizioni.

## Monitoraggio in Tempo Reale

L'implementazione di sistemi di monitoraggio in tempo reale delle spedizioni è fondamentale. Fornire ai clienti informazioni accurate e tempestive sullo stato della loro spedizione migliora la trasparenza e la fiducia. Investire in tecnologie avanzate di tracciamento può anche aiutare a identificare e risolvere i problemi prima che influiscano sul cliente.

## Ottimizzazione dei Costi

L'analisi approfondita delle spese di spedizione e l'ottimizzazione dei costi sono essenziali. Confrontare i prezzi e i servizi offerti da diversi corrieri, negoziare tariffe migliori e esplorare soluzioni di spedizione in bundle possono ridurre significativamente i costi. Inoltre, considera l'implementazione di programmi di fidelizzazione con sconti sulla spedizione per i clienti abituali.

## Soluzioni Logistiche

Esplorare soluzioni logistiche innovative può migliorare l'efficienza della gestione delle spedizioni. L'uso di magazzini decentralizzati, l'implementazione di sistemi di gestione delle scorte avanzati e l'adozione di veicoli di consegna ecologici sono solo alcune delle strategie da considerare.

## Servizi di Reso

Una politica di reso chiara e semplice è fondamentale. Offrire resi gratuiti o a basso costo, fornire etichette di reso prepagate e dare istruzioni chiare su come effettuare il reso possono migliorare l'esperienza del cliente e aumentare la lealtà al brand.

## Comunicazione Proattiva

Mantenere una comunicazione proattiva con i clienti in caso di ritardi o problemi con la spedizione è vitale.

Informare tempestivamente i clienti di eventuali inconvenienti e offrire soluzioni o compensazioni può aiutare a mantenere buone relazioni e a ridurre i reclami.

## Gestione delle Spedizioni Urgenti

Avere strategie in atto per gestire le spedizioni urgenti è altresì importante. Valutare le opzioni di spedizione express, mantenere una scorta di prodotti pronti per la spedizione immediata e collaborare con corrieri affidabili per le consegne urgenti sono pratiche consigliate.

## Tecnologie Emergenti

Infine, tenere d'occhio le tecnologie emergenti nel campo della logistica e delle spedizioni. L'adozione di soluzioni innovative, come i droni per la consegna o la blockchain per il tracciamento, può offrire vantaggi competitivi e migliorare l'efficienza delle operazioni di spedizione.

## Esperienza Unica

Creare un'esperienza unica e memorabile con la presentazione dei pacchi, inserendo biglietti di ringraziamento personalizzati o campioncini gratuiti, può incrementare la soddisfazione del cliente e promuovere la ritenzione.

## Analisi dei Dati

Raccogliere e analizzare dati sulle performance delle spedizioni, sui tempi di consegna, sui costi e sulla soddisfazione del cliente può fornire intuizioni preziose per ottimizzare le strategie di spedizione in futuro.

## Rispetto dei Tempi

Garantire la puntualità delle consegne è cruciale. Lavorare con corrieri affidabili e monitorare costantemente i tempi di transito può aiutare a ridurre i ritardi e a migliorare la reputazione del brand.

Ogni punto suddetto richiede un'attenta valutazione e possibili aggiustamenti, garantendo che la strategia di spedizione adottata sia non solo economica, ma anche efficace e orientata al cliente.

La gestione delle spedizioni, in quanto componente cruciale del business online, necessita di un approccio olistico che prenda in considerazione non solo l'efficienza logistica e i costi, ma anche la soddisfazione del cliente. Concludere questo punto richiede una visione complessiva delle molteplici sfaccettature che la caratterizzano.

Primo, l'implementazione di tecnologie avanzate e soluzioni logistiche innovative è fondamentale. Queste permettono di monitorare le spedizioni in tempo reale, ottimizzare i costi, e implementare strategie efficaci per le spedizioni urgenti. Inoltre, esplorare e adottare tecnologie emergenti, come la blockchain e i droni per le consegne, può portare a miglioramenti significativi nell'efficienza e offrire un vantaggio competitivo sul mercato.

La comunicazione proattiva con il cliente è un altro pilastro fondamentale. Informare tempestivamente i clienti su ogni aspetto della spedizione, soprattutto in caso di problemi o ritardi, contribuisce a costruire relazioni solide e a mantenere la fiducia. L'importanza di questo aspetto non può essere sottolineata abbastanza, poiché una comunicazione efficace può mitigare l'insoddisfazione del cliente e ridurre il rischio di reclami.

Un servizio di reso chiara, semplice e user-friendly non solo migliora l'esperienza del cliente ma può anche servire come punto di differenziazione dal concorso. In un mercato sempre più competitivo, offrire servizi come resi gratuiti o a basso costo e fornire istruzioni chiare può fare la differenza tra mantenere o perdere un cliente.

In aggiunta, creare un'esperienza unica e personalizzata attraverso la presentazione dei pacchi, l'inclusione di messaggi personalizzati o campioni gratuiti, può incrementare significativamente la soddisfazione del cliente. Questa attenzione ai dettagli contribuisce a costruire una reputazione positiva e a incentivare la ritenzione dei clienti.

L'analisi dei dati è un altro elemento chiave. Monitorare e valutare le performance delle spedizioni, i tempi di consegna, i costi e la soddisfazione del cliente fornisce intuizioni preziose. Questi dati, se utilizzati correttamente, permettono di affinare e ottimizzare continuamente le strategie di spedizione, garantendo che siano sempre allineate con le esigenze dell'azienda e dei clienti.

Infine, è indispensabile mantenere un focus costante sul rispetto dei tempi di consegna. Lavorare con partner logistici affidabili, assicurarsi che i tempi di transito siano monitorati e garantire la puntualità delle consegne contribuiscono a costruire e mantenere una reputazione solida e affidabile.

In conclusione, la gestione delle spedizioni è un'area multifaccettata che richiede attenzione, innovazione e dedizione. Attraverso l'adozione di tecnologie avanzate, la comunicazione efficace, la creazione di esperienze uniche per il cliente, l'analisi approfondita dei dati e l'attenzione alla puntualità, è possibile non solo soddisfare, ma superare le aspettative del cliente, contribuendo al successo a lungo termine dell'impresa.

16. Introduzione a Instagram e Altri Social •
Panoramica di Instagram e altre piattaforme social.

Introdurre un business nel mondo di Instagram e altri
social media richiede la conoscenza delle varie
piattaforme e delle loro specificità. Instagram, essendo
una piattaforma visuale, enfatizza l'uso di immagini e
video di alta qualità, ed è particolarmente efficace per
brand legati a moda, arte, viaggi, cibo e lifestyle.

Altre piattaforme importanti includono Facebook, che
offre una vasta base di utenti e strumenti avanzati di
pubblicità; Twitter, ideale per interazioni rapide e real-
time con i clienti; Pinterest, che funziona come una
bacheca virtuale ed è utile per il traffico di riferimento;
LinkedIn, per connessioni B2B e posizionamento
professionale; e TikTok, che con il suo formato unico di
video corti, sta diventando sempre più popolare tra i
giovani.

Ciascuna piattaforma ha le proprie best practices per la
creazione di contenuti, l'interazione con il pubblico e la
pubblicità. Per esempio, Instagram richiede contenuti
visivi accattivanti e l'uso strategico di hashtag, mentre
Facebook può beneficiare di post dettagliati e gruppi di
discussione. Twitter privilegia la brevità e la frequenza
dei post, e LinkedIn enfatizza contenuti professionali e
informativi.

È fondamentale identificare il proprio pubblico target e determinare su quali piattaforme è più attivo e reattivo. Questo aiuterà a focalizzare gli sforzi di marketing sui canali più appropriati e a sviluppare una strategia di contenuto su misura. Ad esempio, se il pubblico è principalmente giovane, Instagram e TikTok potrebbero essere le piattaforme più adatte, mentre per un pubblico più maturo e professionale, Facebook e LinkedIn potrebbero essere più efficaci.

Altrettanto cruciale è stabilire degli obiettivi chiari per la presenza sui social media, che possono includere l'aumento della brand awareness, la generazione di lead, l'incremento del traffico sul sito web o la vendita diretta di prodotti. Questi obiettivi guideranno la strategia di contenuto, la pianificazione delle pubblicità e la misurazione delle performance.

Infine, è vitale rimanere aggiornati sulle tendenze del social media marketing e adeguare le strategie di conseguenza. Le piattaforme social sono in continua evoluzione, con l'introduzione di nuove funzionalità e cambiamenti negli algoritmi, quindi è importante essere flessibili e adattarsi ai cambiamenti per mantenere l'efficacia delle campagne di marketing.

In sintesi, una panoramica di Instagram e altri social media rivela la varietà e la specificità di ogni piattaforma. È essenziale conoscere le caratteristiche uniche di ciascuna, identificare dove si trova il proprio pubblico target, stabilire obiettivi chiari, rimanere aggiornati sulle tendenze e adattare le strategie di conseguenza per avere successo nel panorama dei social media.

Continuando a esplorare il mondo dei social media, è fondamentale sottolineare l'importanza di un approccio integrato. Mentre ogni piattaforma ha le sue peculiarità, utilizzarle in sinergia può amplificare i risultati. Ad esempio, è possibile condividere contenuti tra Instagram e Facebook o utilizzare Twitter per indirizzare il traffico verso post più dettagliati su LinkedIn.

Un altro aspetto cruciale è l'analisi delle metriche. Ogni piattaforma offre strumenti analitici che permettono di monitorare l'engagement, la portata, i click e altre metriche importanti. Analizzare questi dati regolarmente aiuta a capire cosa funziona e cosa no, e a ottimizzare la strategia di social media marketing di conseguenza.

Inoltre, il ruolo dei social media influencer non può essere trascurato. Collaborare con influencer che condividono il pubblico target può aumentare significativamente la visibilità del brand e creare fiducia tra i consumatori. È importante, però, scegliere influencer allineati ai valori del brand e garantire autenticità nelle collaborazioni.

La gestione della reputazione online è un altro elemento chiave. Monitorare e rispondere ai commenti, alle recensioni e alle menzioni del brand contribuisce a costruire un'immagine positiva e a gestire eventuali crisi in modo proattivo. La trasparenza e l'onestà nelle comunicazioni sono essenziali in questo contesto.

Poi, ci sono gli aspetti legali e di privacy da considerare. È imperativo rispettare le normative sulla privacy dei dati e sui diritti d'autore, e avere le autorizzazioni necessarie per la condivisione di contenuti e immagini. Ignorare questi aspetti può portare a conseguenze legali e danneggiare la reputazione del brand.

Infine, il continuo sviluppo di nuove tecnologie e la crescente popolarità di piattaforme emergenti richiedono una costante attenzione e aggiornamento. La realtà aumentata, le dirette video, i podcast e altre forme di media sono in continua evoluzione e offrono nuove opportunità per l'engagement del pubblico e la promozione del brand.

Considerando tutti questi aspetti, è evidente che l'introduzione a Instagram e altri social è solo la punta dell'iceberg. È un campo dinamico e multidimensionale che richiede competenza, adattabilità, creatività e un impegno costante per ottenere successo nel marketing online.

Nel proseguire a immergersi nel vasto mondo dei social media, è imperativo esaminare ulteriormente il potenziale che queste piattaforme detengono. Una delle tattiche fondamentali è la creazione di contenuti di valore. Le piattaforme social sono affollate, quindi per distinguersi è essenziale offrire contenuti utili, interessanti e unici. Questi possono assumere varie forme, come post, immagini, video, infografiche e molto altro.

Una tendenza crescente nei social media è l'uso dei chatbot e della messaggistica diretta. Questi strumenti permettono un contatto immediato e personalizzato con il pubblico, favorendo una comunicazione bidirezionale e migliorando l'esperienza del cliente. Implementare questi servizi può significare un vantaggio competitivo, aumentando la soddisfazione e la fidelizzazione del cliente.

D'altro canto, la pubblicità a pagamento su queste piattaforme è diventata uno strumento essenziale. La possibilità di targetizzare specifici gruppi demografici, interessi e comportamenti permette di ottimizzare il ROI (Return On Investment) delle campagne pubblicitarie, raggiungendo esattamente il pubblico desiderato con messaggi su misura.

La creazione di community è un altro elemento che sta guadagnando sempre più rilevanza. Costruire un gruppo di follower fedeli e attivi non solo garantisce un pubblico costante per i contenuti, ma stimola anche l'interazione e il passaparola, amplificando la portata del brand e creando un senso di appartenenza tra gli utenti.

Inoltre, l'uso strategico degli hashtag è fondamentale, specialmente su piattaforme come Instagram e Twitter. Gli hashtag aiutano a categorizzare i contenuti, aumentare la loro visibilità e raggiungere utenti interessati a specifici argomenti. Una ricerca accurata e l'uso ponderato degli hashtag possono significativamente aumentare l'engagement e l'attrattiva dei post.

Un altro aspetto cruciale è l'aggiornamento continuo delle conoscenze e delle competenze. Il mondo dei social media è in costante evoluzione, con nuove funzionalità, algoritmi e tendenze che emergono regolarmente. Rimanere aggiornati, sperimentare e adattarsi a questi cambiamenti è fondamentale per mantenere e aumentare la presenza e l'influenza online.

In aggiunta, la gestione del tempo e delle risorse è un fattore chiave. La presenza sui social media richiede impegno e costanza, e può diventare impegnativa. L'utilizzo di strumenti di gestione e pianificazione dei contenuti, come Hootsuite o Buffer, può aiutare a organizzare e ottimizzare il lavoro, garantendo una presenza costante e coerente su tutte le piattaforme.

Infine, non bisogna trascurare l'importanza del monitoraggio dei concorrenti. Analizzare le strategie, i successi e gli insuccessi della concorrenza può offrire preziosi spunti e ispirazione, permettendo di identificare opportunità e minacce e di affinare la propria strategia di social media marketing.

In conclusione, l'approfondimento dell'uso di Instagram e altre piattaforme social è una componente cruciale per il successo di un negozio online. Per capitalizzare appieno le potenzialità di questi strumenti, è fondamentale adottare una strategia multifaccettata e ben articolata.

La creazione di contenuti unici e di valore rappresenta la spina dorsale di una presenza online efficace, attirando e mantenendo l'interesse del pubblico. Integrare soluzioni innovative come chatbot e messaggistica diretta può notevolmente migliorare la comunicazione e l'esperienza del cliente, creando un legame più stretto con il brand.

Parallelamente, l'esplorazione delle opzioni di pubblicità a pagamento e la targetizzazione avanzata permettono di ottimizzare le risorse finanziarie, focalizzandosi sui segmenti di pubblico più rilevanti e incrementando il ritorno sull'investimento. Questo, in combinazione con la costruzione di una community solida e coinvolta, può amplificare significativamente la visibilità e l'impatto del brand nel mondo digitale.

L'importanza degli hashtag, l'aggiornamento continuo delle competenze e l'efficiente gestione del tempo e delle risorse sono elementi altrettanto vitali. Essi contribuiscono a forgiare una presenza social robusta e dinamica, adattabile alle fluttuazioni del mercato e alle evoluzioni del panorama digitale.

Infine, l'analisi delle strategie dei concorrenti e l'adattamento alle loro mosse permette di rimanere un passo avanti nel gioco competitivo, identificando nuove opportunità e affinando le proprie tattiche.

Integrare tutti questi elementi in una strategia comprensiva e ben strutturata non solo aumenterà la visibilità e la reputazione online, ma contribuirà anche a instaurare relazioni durature con i clienti, massimizzare i profitti e consolidare la posizione del negozio nel mercato digitale. In questo modo, Instagram e le altre piattaforme social diventeranno pilastri portanti del successo aziendale.

17. Marketing su Instagram • Strategie per promuovere il tuo negozio su Instagram.

Il marketing su Instagram è uno strumento essenziale per accrescere la visibilità del tuo negozio online e attrarre un pubblico più ampio. Ecco alcune strategie chiave per promuovere efficacemente il tuo negozio su questa piattaforma:

1. **Contenuti di Qualità:** Creare immagini e video di alta qualità è fondamentale. I contenuti devono essere esteticamente gradevoli, coinvolgenti e in grado di riflettere l'identità del brand.

2. **Uso degli Hashtag:** Utilizzare hashtag pertinenti e popolari può aiutare a migliorare la visibilità dei post. Ricordati di fare ricerche sugli hashtag più efficaci nel tuo settore e di crearne alcuni personalizzati per il tuo brand.

3. **Instagram Stories e Reels:** Sfrutta al massimo le Instagram Stories e Reels. Questi formati offrono un modo divertente e interattivo per connettersi con i tuoi follower e mostrare il lato umano del tuo brand.

4. **Interazione con i Follower:** Rispondere ai commenti, ai messaggi diretti e interagire con i

post degli altri può aiutarti a costruire una community forte e fedele attorno al tuo brand.

5. **Collaborazioni e Influencer Marketing:** Collaborare con altri brand o influencer nel tuo settore può aiutarti a raggiungere nuovi pubblici e accrescere la tua presenza su Instagram.

6. **Annunci a Pagamento:** Instagram offre diverse opzioni pubblicitarie che ti permettono di targetizzare specifici segmenti di utenti e ottimizzare i tuoi annunci in base agli obiettivi di marketing.

7. **Instagram Shopping:** Attiva la funzione Instagram Shopping per permettere ai clienti di acquistare direttamente dalla tua pagina Instagram. Questo rende l'esperienza d'acquisto semplice e immediata.

8. **Analisi delle Metriche:** Monitora costantemente le prestazioni dei tuoi post attraverso Instagram Analytics. Questo ti permetterà di capire quali strategie funzionano meglio e come ottimizzare le future campagne.

9. **Concorsi e Giveaway:** Organizzare concorsi e giveaway può incentivare l'engagement, aumentare il numero di follower e generare entusiasmo attorno al tuo brand.

10. **Biografia e Link:** Ottimizza la tua biografia Instagram includendo parole chiave pertinenti e un link al tuo negozio online. Considera l'utilizzo di strumenti come Linktree per includere più link.

11. **Post Regolari e Consistenti:** Mantieni una frequenza di post regolare e coerente per mantenere i tuoi follower interessati e coinvolti.

12. **Contenuti UGC:** Incoraggia i tuoi clienti a creare contenuti User-Generated e condividerli taggando il tuo brand. Questo può funzionare come prova sociale e incoraggiare altri a fare acquisti.

Implementando queste strategie in modo riflessivo e strategico, sarai in grado di massimizzare il potenziale di Instagram come canale di marketing e di accrescere significativamente la visibilità e la successo del tuo negozio.

Oltre alle strategie già menzionate, esistono molteplici altri modi per ottimizzare il tuo marketing su Instagram e accrescere la visibilità del tuo negozio:

13. **Caption Coinvolgenti:** Scrivere caption accattivanti e coinvolgenti può incoraggiare l'interazione da parte dei tuoi follower, aumentando così la visibilità dei tuoi post attraverso l'algoritmo di Instagram.

14. **Instagram Live:** Realizzare sessioni live può aiutarti a connetterti con il tuo pubblico in tempo reale, rispondere alle domande, mostrare i prodotti e costruire un rapporto più stretto con i tuoi clienti.

15. **Instagram TV (IGTV):** Utilizza IGTV per condividere contenuti video più lunghi e dettagliati, come tutorial, interviste o presentazioni dei tuoi prodotti.

16. **Sondaggi e Domande nelle Stories:** Utilizza le funzioni di sondaggio e domande nelle Instagram Stories per coinvolgere i tuoi follower, raccogliere feedback e comprendere meglio le loro preferenze e bisogni.

17. **Instagram Insights:** Analizza i dati forniti da Instagram Insights per comprendere quali contenuti performano meglio, quali sono i migliori orari per postare e quali sono le demografiche del tuo pubblico.

18. **Localizzazione e Geotagging:** Aggiungi la localizzazione ai tuoi post e alle stories per attirare un pubblico locale e migliorare la visibilità nelle ricerche geolocalizzate.

19. **Collaborazione con Account di Niche:** Trova e collabora con account che si rivolgono a una nicchia simile alla tua. Questo può aiutarti a

raggiungere un pubblico più specifico e interessato ai tuoi prodotti.

20. **Contenuti Stagionali e Trending Topics:** Sfrutta i contenuti stagionali e i trending topics per creare post tempestivi e rilevanti che possono attirare maggiore attenzione e interazione.

21. **Rispondere ai Commenti e DMs:** Mantieni un'elevata responsività ai commenti e ai messaggi diretti. Questo mostra che il tuo brand è attento e disponibile, costruendo fiducia con i tuoi follower.

22. **Creazione di un Feed Armonioso:** Cura l'aspetto del tuo feed Instagram, mantenendo un tema coerente e armonioso che rifletta il tuo brand e attiri nuovi follower.

23. **Raccolta di Testimonianze:** Condividi testimonianze e recensioni positive dei tuoi clienti per costruire credibilità e fiducia attorno al tuo brand.

24. **Uso di Emojis e Linguaggio Informale:** L'uso di emojis e un linguaggio più informale possono rendere la comunicazione più personale e coinvolgente.

25. **Realizzazione di Collaborazioni a Pagamento:** Valuta la possibilità di realizzare campagne a pagamento con Instagram per raggiungere un pubblico più ampio e aumentare la notorietà del brand.

26. **Personalizzazione del Profilo:** Personalizza il tuo profilo Instagram con un'immagine del profilo riconoscibile, una biografia accattivante e una copertina coerente per le storie in evidenza.

Questi sono solo alcuni dei modi in cui puoi approfondire e ottimizzare ulteriormente la tua strategia di marketing su Instagram, sfruttando ogni aspetto della piattaforma per promuovere il tuo negozio e costruire un rapporto solido con il tuo pubblico. Ricorda, l'adattamento e l'innovazione continuo sono la chiave per mantenere l'engagement e la crescita nel tempo.

27. **Concorsi e Giveaway:** Organizza concorsi e giveaway per incentivare gli utenti a condividere i tuoi post, taggare amici e interagire con il tuo profilo, incrementando così la visibilità del tuo negozio.

28. **Micro-Influencer Marketing:** Collabora con micro-influencer nel tuo settore per raggiungere un pubblico mirato e aumentare la

credibilità del tuo brand attraverso raccomandazioni autentiche.

29. **User Generated Content:** Incoraggia i tuoi clienti a condividere foto e recensioni dei tuoi prodotti, e utilizza questo contenuto nel tuo profilo, dando credito agli autori.

30. **Instagram Shopping:** Sfrutta la funzione Instagram Shopping per permettere ai clienti di acquistare direttamente dai tuoi post e dalle tue stories, creando un percorso d'acquisto semplificato.

31. **Caroselli e Collages:** Utilizza caroselli e collages per presentare diverse immagini in un unico post, mostrando vari aspetti del prodotto o diverse varianti.

32. **Tutorial e Demo dei Prodotti:** Realizza video tutorial e demo dei tuoi prodotti per mostrare come funzionano e come possono essere utilizzati, fornendo valore aggiunto al tuo pubblico.

33. **Frequenza dei Post:** Mantieni una frequenza di post regolare e coerente per mantenere l'engagement del pubblico e far sì che il tuo brand rimanga nella mente dei tuoi follower.

34.     **Reels:** Crea video brevi e creativi con Instagram Reels per mostrare i tuoi prodotti in azione, sfruttare i trend e raggiungere un pubblico più ampio.

35.     **Hashtags Rilevanti:** Ricerca e utilizza hashtags rilevanti e popolari nel tuo settore per aumentare la scopribilità dei tuoi post e attirare follower interessati.

36.     **Analisi della Concorrenza:** Osserva cosa fanno i tuoi concorrenti su Instagram e individua strategie vincenti che potrebbero essere adattate e applicate al tuo brand.

37.     **Instagram Ads:** Investi in pubblicità su Instagram per targettizzare specifici segmenti di pubblico e promuovere i tuoi prodotti con annunci visivi e coinvolgenti.

38.     **Partecipazione a Discussioni di Settore:** Intervieni in discussioni e commenti relativi al tuo settore, mostrando la tua competenza e creando relazioni con potenziali clienti e collaboratori.

39.     **Link in Bio:** Ottimizza il link nella tua biografia per dirigere i visitatori verso la tua pagina di vendita, un nuovo prodotto o altre pagine rilevanti.

40. **Storie Sponsorizzate:** Utilizza le storie sponsorizzate per apparire nelle storie degli utenti targettizzati, aumentando la visibilità del tuo brand e dei tuoi prodotti.

41. **Feedback e Recensioni:** Sollecita feedback e recensioni dai tuoi clienti e utilizzale come testimonianze per costruire fiducia e autenticità intorno al tuo brand.

42. **Bio Ottimizzata:** Cura la tua bio su Instagram per comunicare chiaramente chi sei, cosa offri e perché gli utenti dovrebbero seguirti.

43. **Emoji e Call to Action:** Utilizza emoji accattivanti e call to action efficaci nei tuoi post e nelle tue stories per incoraggiare l'interazione e l'azione da parte degli utenti.

Questi ulteriori suggerimenti possono contribuire significativamente a potenziare la tua presenza su Instagram, affermare il tuo brand e incrementare le vendite attraverso questa piattaforma.

In conclusione, la strategia di marketing su Instagram richiede un approccio multiforme e ben articolato. Dalla scelta accurata degli hashtags all'utilizzo innovativo di Reels e Instagram Shopping, ogni elemento deve essere considerato come parte di un insieme coerente per promuovere efficacemente il tuo negozio su questa piattaforma. È essenziale mantenere un dialogo costante con la tua community, valorizzando il user generated content e rispondendo prontamente ai commenti e ai messaggi, per costruire un rapporto di fiducia e lealtà con i tuoi seguaci.

Le collaborazioni con micro-influencer possono rappresentare una leva strategica, permettendoti di raggiungere nuovi pubblici e accrescere la tua reputazione attraverso testimonianze autentiche e raccomandazioni. Inoltre, l'analisi della concorrenza ti permetterà di individuare opportunità e di affinare le tue strategie, osservando quali approcci hanno successo nel tuo settore.

La frequenza e la qualità dei post, accompagnate da descrizioni accattivanti, emoji e call to action, contribuiranno a mantenere alto l'engagement e a convertire i followers in clienti. Le Instagram Ads e le storie sponsorizzate rappresentano inoltre strumenti preziosi per aumentare la visibilità dei tuoi prodotti e raggiungere segmenti di pubblico specifici.

Infine, una bio ottimizzata, chiara e coinvolgente, insieme ad un utilizzo oculato del link in bio, saranno il biglietto da visita del tuo brand, incentivando gli utenti a seguirti e a scoprire i tuoi prodotti.

È fondamentale, quindi, approcciarsi a Instagram con un piano ben definito, sperimentando diverse tattiche e monitorando continuamente i risultati, per ottimizzare le performance e realizzare una presenza solida e distintiva sulla piattaforma, che si traduca in un incremento delle vendite e nella costruzione di un brand forte e riconoscibile.

18. Uso degli Influencer • Collaborare con influencer per aumentare la visibilità.

Per usare efficacemente gli influencer nel marketing, è essenziale iniziare con la selezione accurata degli influencer che si allineano meglio con il tuo brand e i tuoi obiettivi di business. Esplorare piattaforme come Instagram, YouTube e TikTok ti permetterà di individuare potenziali collaboratori che hanno un seguito solido e un alto livello di engagement.

1. **Identificazione degli Influencer:** Identifica gli influencer che hanno un pubblico rilevante per il tuo prodotto o servizio. Usa strumenti di analisi e piattaforme specializzate per trovare influencer nel tuo settore e analizzare le loro statistiche, come la demografia dei follower, il tasso di engagement e l'autenticità dell'audience.

2. **Valutazione dell'Allineamento del Brand:** Esamina il contenuto creato dall'influencer per assicurarti che il loro stile, tono e valori siano allineati con il tuo brand. Un buon allineamento

assicurerà una collaborazione più autentica e credibile.

3. **Contatto e Negoziazione:** Una volta individuati gli influencer ideali, contattali proponendo una collaborazione. Sii chiaro riguardo alle tue aspettative, obiettivi della campagna e compensazione. La trasparenza è fondamentale per costruire un rapporto di lavoro solido.

4. **Definizione degli Obiettivi:** Stabilisci obiettivi chiari e misurabili per la campagna. Che si tratti di aumentare la consapevolezza del brand, generare traffico al sito web o aumentare le vendite, avere obiettivi definiti ti aiuterà a misurare il successo della collaborazione.

5. **Creazione di Contenuti:** Lavora con l'influencer nella creazione di contenuti accattivanti e rilevanti. Fornisci linee guida chiare, ma lascia anche spazio alla creatività dell'influencer, poiché conoscono meglio il loro pubblico.

6. **Monitoraggio delle Prestazioni:** Durante e dopo la campagna, monitora le prestazioni attraverso metriche chiave come l'engagement, i click, le conversioni e il ROI. Questo ti permetterà di valutare l'efficacia della

collaborazione e di apportare eventuali modifiche.

7. **Feedback e Ottimizzazione:** Fornisci feedback all'influencer e discuti i risultati della campagna. Usa i dati raccolti per ottimizzare le future collaborazioni e migliorare la strategia di influencer marketing.

In conclusione, collaborare con influencer può offrire un valore significativo, aumentando la visibilità del brand e raggiungendo nuovi pubblici in modi autentici e coinvolgenti. L'approccio strategico, la selezione accurata degli influencer e l'analisi delle prestazioni sono elementi chiave per il successo delle campagne di influencer marketing.

**Approcci e Tipi di Collaborazione:** Esistono vari modi per collaborare con gli influencer, ad esempio attraverso post sponsorizzati, recensioni di prodotti, giveaway o collaborazioni a lungo termine come ambasciatori del marchio. Ogni approccio ha i suoi vantaggi e la scelta dovrebbe dipendere dai tuoi obiettivi specifici di marketing.

**Micro-Influencer vs Macro-Influencer:** Un aspetto importante da considerare è la dimensione del seguito degli influencer. I micro-influencer, con un seguito più piccolo ma più impegnato, possono offrire un engagement elevato e sono spesso percepiti come più autentici e fidati. I macro-influencer, d'altro canto, offrono una portata più ampia, ma possono essere più costosi e avere tassi di engagement relativamente più bassi.

**Aspetti Legali e Etici:** È essenziale essere a conoscenza delle normative e delle linee guida riguardanti la pubblicità e la divulgazione. Gli influencer devono seguire le normative sulla pubblicità e segnalare chiaramente i contenuti sponsorizzati per mantenere la trasparenza e la fiducia con il loro pubblico. La non conformità può portare a sanzioni e danneggiare la reputazione del brand.

**Utilizzo dei Social Media Analytics:** L'uso efficace degli strumenti di analisi dei social media è cruciale per monitorare l'impatto delle campagne di influencer marketing. Questi strumenti possono aiutarti a tracciare metriche quali l'engagement, la portata, le impressioni e le conversioni, fornendo insights preziosi per ottimizzare le future strategie di marketing.

**Budget e ROI:** Stabilire un budget chiaro e calcolare il ritorno sull'investimento (ROI) è fondamentale. Questo ti aiuterà a valutare l'efficacia della strategia di influencer marketing e a giustificare l'investimento. Considera i costi della collaborazione, la produzione di contenuti e gli eventuali costi aggiuntivi.

**Relazioni a Lungo Termine:** Costruire relazioni a lungo termine con gli influencer può essere vantaggioso. Un rapporto continuo può portare a collaborazioni più autentiche e credibili, e gli influencer possono diventare ambasciatori del marchio, contribuendo alla costruzione di una community fedele attorno al tuo brand.

**Adattamento alle Tendenze del Mercato:** Essere flessibili e adattarsi alle tendenze emergenti nel mondo degli influencer è vitale. Nuove piattaforme, formati di contenuto e tendenze del settore possono offrire opportunità uniche per connettersi con il pubblico in modi innovativi.

Questi elementi sono tutti fondamentali per sfruttare al meglio le potenzialità delle collaborazioni con gli influencer, creando campagne di successo che incrementano la visibilità e contribuiscono al raggiungimento degli obiettivi aziendali.

**Selezione dell'Influencer Giusto:** Identificare l'influencer più adatto al tuo brand è cruciale. Oltre a considerare la dimensione del loro seguito e il tasso di engagement, è importante valutare la congruenza tra i valori del brand e quelli dell'influencer, il tono della comunicazione e il tipo di contenuto prodotto. Una buona corrispondenza può incrementare l'efficacia della campagna e il grado di identificazione del pubblico con il messaggio promosso.

**Pianificazione dei Contenuti:** La pianificazione dei contenuti è un elemento chiave. Definire insieme all'influencer il tipo di contenuto, la frequenza di pubblicazione e il calendario editoriale può contribuire a creare una campagna coesa e ben strutturata. Questo aiuterà anche a mantenere l'interesse e l'engagement del pubblico nel tempo.

**Ascolto delle Conversazioni Online:** Monitorare le conversazioni online prima, durante e dopo la campagna può fornire insights preziosi. Questo ti permetterà di capire come il pubblico percepisce il brand e l'influencer, quali sono le opinioni e i sentiment, e come questi si modificano nel corso della collaborazione. L'ascolto attivo delle conversazioni online può anche aiutare a individuare eventuali problemi o criticità e ad apportare tempestivamente le modifiche necessarie.

**Integrazione con Altre Strategie di Marketing:** L'influencer marketing non dovrebbe operare in isolamento, ma essere integrato con altre strategie di marketing. Questo può includere l'email marketing, il SEO, la pubblicità a pagamento e il content marketing. Una strategia di marketing integrata può potenziare l'efficacia di ogni singolo canale e creare sinergie.

**Personalizzazione del Messaggio:** Un messaggio personalizzato che risuona con il pubblico di riferimento è più efficace. Lavorare con l'influencer per adattare il messaggio in modo che sia autentico e in linea con il suo stile di comunicazione può incrementare la risonanza e l'identificazione da parte del pubblico.

**Feedback e Iterazione:** Raccogliere feedback durante la campagna e dopo la sua conclusione è vitale. Questo ti permetterà di valutare cosa ha funzionato e cosa può essere migliorato, fornendo la base per l'ottimizzazione delle future collaborazioni con gli influencer.

**Innovazione e Sperimentazione:** Sperimentare nuovi formati, piattaforme e modelli di collaborazione può portare a scoprire nuove opportunità. L'innovazione è fondamentale in un ambiente digitale in continua evoluzione, e mantenere un approccio aperto e flessibile può aiutare a rimanere competitivi.

L'approfondimento di questi aspetti può fornire una visione più completa e dettagliata di come utilizzare gli influencer nel marketing, permettendo di sfruttare al meglio le opportunità offerte da questo canale per incrementare la visibilità e raggiungere gli obiettivi di business.

In conclusione, l'uso degli influencer è una strategia di marketing molto efficace che può significativamente aumentare la visibilità di un brand o prodotto. Tuttavia, affinché questa strategia sia efficace, è fondamentale prendere in considerazione diversi aspetti.

La **selezione accurata** dell'influencer è il punto di partenza; è essenziale che ci sia una congruenza tra i valori del brand e quelli dell'influencer per creare un messaggio coerente e autentico. Il pubblico tende a fidarsi di più degli influencer che sono veritieri e coerenti con i loro valori, quindi una buona corrispondenza può rafforzare la credibilità del messaggio.

La **pianificazione dei contenuti** è altrettanto cruciale. Collaborare con l'influencer nella creazione di un calendario editoriale, nella definizione dei formati dei contenuti e nella frequenza di pubblicazione può garantire una campagna ben organizzata e più efficace.

Il **monitoraggio delle conversazioni online** e l'ascolto attivo sono indispensabili per comprendere l'impatto della campagna, le percezioni del pubblico e per intervenire prontamente in caso di necessità. L'integrazione con **altre strategie di marketing** può amplificare il successo della campagna, creando sinergie e potenziando ogni singolo canale.

La **personalizzazione del messaggio** e l'adattamento dello stesso allo stile comunicativo dell'influencer possono aumentare l'identificazione del pubblico e rafforzare l'efficacia della comunicazione. L'attenzione al feedback e la capacità di iterare e ottimizzare la strategia in base ai risultati ottenuti sono fondamentali per il miglioramento continuo.

Infine, mantenere un approccio innovativo e aperto alla sperimentazione può rivelare nuove opportunità e permettere di adeguarsi a un ambiente digitale in continua evoluzione. La flessibilità e la capacità di adattamento sono qualità essenziali per rimanere competitivi nel campo del marketing influencer.

L'attuazione di queste pratiche e considerazioni consentirà di massimizzare i benefici derivanti dalla collaborazione con gli influencer, contribuendo significativamente al raggiungimento degli obiettivi di business e alla costruzione di relazioni solide e autentiche con il pubblico.

19. Pubblicità a Pagamento • Utilizzo di annunci su Instagram, Facebook e altre piattaforme.

Nell'era digitale, la pubblicità a pagamento è uno strumento indispensabile per incrementare la visibilità online, attirare nuovi clienti e promuovere prodotti o servizi. Piattaforme come Instagram e Facebook offrono opportunità pubblicitarie uniche, permettendo alle aziende di raggiungere un pubblico vasto e segmentato.

La **segmentazione del pubblico** è una delle caratteristiche chiave della pubblicità su queste piattaforme. Consente di indirizzare gli annunci verso gruppi specifici in base a vari criteri, come età, interessi, posizione geografica, comportamenti online e molto altro. Questo permette di ottimizzare il budget pubblicitario, assicurando che gli annunci raggiungano gli utenti più propensi ad interagire con il brand.

Una **strategia creativa** è fondamentale per attirare l'attenzione degli utenti in un ambiente digitale affollato. Le immagini, i video e il copy devono essere accattivanti e risonanti con il pubblico target. L'uso di call-to-action efficaci, design accattivante e messaggi chiari e concisi può significativamente incrementare il tasso di conversione.

L'**analisi delle performance** è un altro aspetto cruciale della pubblicità a pagamento. Monitorare i KPI (Key Performance Indicators) come il CTR (Click Through Rate), il CPC (Cost Per Click), le conversioni e il ROI (Return on Investment) aiuta a valutare l'efficacia degli annunci e a ottimizzare le future campagne pubblicitarie.

Oltre a Instagram e Facebook, esistono numerose altre piattaforme pubblicitarie che offrono opportunità diverse. Ad esempio, Google Ads è particolarmente efficace per raggiungere gli utenti mentre cercano prodotti o servizi online, mentre LinkedIn è ideale per il B2B marketing.

Sperimentare con **formate pubblicitari diversi**, come carousel, video, stories e post sponsorizzati, può aiutare a capire quali tipologie di annunci sono più efficaci per il proprio pubblico e obiettivi. Inoltre, la **personalizzazione dei messaggi** e la **creazione di landing page ottimizzate** possono contribuire a migliorare l'esperienza dell'utente e incrementare le conversioni.

Infine, la **costruzione di un funnel di vendita** ben strutturato è essenziale per guidare gli utenti lungo il percorso di acquisto, dalla scoperta del brand alla conversione finale. Utilizzare la pubblicità a pagamento in sinergia con altre strategie di marketing digitale, come il content marketing e il SEO, può ulteriormente potenziare i risultati ottenuti.

L'importanza della pubblicità a pagamento si riflette anche nella capacità di **testare e adattare** le campagne in tempo reale. Le piattaforme pubblicitarie come Facebook e Instagram offrono strumenti analitici avanzati che permettono di monitorare l'andamento degli annunci e di apportare modifiche al volo per migliorare le performance. Questa flessibilità è cruciale in un ambiente digitale in continua evoluzione, dove le tendenze e i comportamenti degli utenti possono cambiare rapidamente.

Un altro elemento da considerare è l'**adattamento del linguaggio e del contenuto** a seconda della piattaforma utilizzata. Ogni social media ha un pubblico diverso e richiede un approccio personalizzato. Ad esempio, un annuncio che funziona bene su Facebook potrebbe non avere lo stesso impatto su Instagram, e viceversa. Sperimentare e adattare il messaggio al contesto specifico è fondamentale per ottenere il massimo rendimento.

La **frequenza e la programmazione degli annunci** giocano anche un ruolo significativo. Troppa frequenza può portare a saturazione e irritazione, mentre troppo poco può non essere sufficiente a lasciare un'impressione. Trovare il giusto equilibrio e programmare gli annunci nei momenti in cui il pubblico target è più attivo contribuisce al successo della campagna.

Non bisogna dimenticare l'importanza del **retargeting**, che consiste nel rivolgere nuovamente gli annunci a utenti che hanno già interagito con il brand, ma che non hanno completato l'azione desiderata, come un acquisto. Questa strategia può significativamente aumentare le probabilità di conversione, poiché gli utenti sono già familiari con il brand o il prodotto.

Inoltre, la **tracciabilità e la misurazione** delle campagne pubblicitarie a pagamento sono essenziali per valutare il ritorno sull'investimento e comprendere quali elementi della campagna stanno funzionando e quali no. Utilizzare strumenti come pixel di tracciamento e codici UTM può aiutare a raccogliere dati preziosi e ad affinare le strategie di marketing.

Infine, è cruciale non sottovalutare l'importanza dell'**engagement e dell'interazione** con il pubblico. Rispondere ai commenti, alle domande e alle recensioni, sia positive che negative, contribuisce a costruire un rapporto di fiducia con i clienti e a migliorare la reputazione del brand. La gestione efficace della reputazione online e la costruzione di una community leale possono portare a raccomandazioni e passaparola positivi, amplificando ulteriormente la portata e l'efficacia della pubblicità a pagamento.

L'impiego di **differenti formati pubblicitari** è un altro aspetto essenziale quando si parla di pubblicità a pagamento su piattaforme come Instagram e Facebook. Entrambe le piattaforme offrono una varietà di opzioni, tra cui Stories, Carousel, Video, e post sponsorizzati, ognuno con le sue peculiarità e possibilità creative. Sperimentare con diversi formati può aiutare a scoprire quale risuona di più con il pubblico e genera migliori risultati.

Altresì, l'uso di **segmentazioni dettagliate** è fondamentale. Entrambe le piattaforme offrono opzioni avanzate di targeting che permettono di raggiungere specifici segmenti demografici, geografici, o basati su interessi e comportamenti. Questa possibilità di personalizzare il pubblico consente di indirizzare gli annunci verso gli utenti più propensi alla conversione, ottimizzando il budget pubblicitario.

Un'altra pratica fondamentale è l'**A/B testing**, che consiste nel testare differenti versioni di un annuncio per vedere quale performa meglio. Variazioni nel testo, nelle immagini, nei call-to-action, o nel targeting possono avere un impatto significativo sulla performance dell'annuncio. Continuare a testare e ottimizzare è essenziale per massimizzare l'efficacia delle campagne.

Oltre alle strategie di targeting e posizionamento, è fondamentale prestare attenzione alla **qualità del contenuto creativo**. Gli utenti di social media sono costantemente bombardati da informazioni, quindi è essenziale che gli annunci siano visivamente accattivanti, rilevanti e che comunichino un chiaro valore aggiunto. Utilizzare immagini di alta qualità, copywriting efficace, e design accattivante può fare la differenza tra un annuncio ignorato e uno che genera click e conversioni.

Inoltre, il **monitoraggio continuo delle metriche** delle campagne è essenziale. Le piattaforme di pubblicità online forniscono un'abbondanza di dati che possono essere utilizzati per valutare l'efficacia degli annunci. Tasso di click, conversioni, costo per click, e ritorno sull'investimento pubblicitario sono solo alcune delle metriche chiave da tenere d'occhio. Analizzare questi dati regolarmente permette di adattare le strategie e migliorare continuamente le performance delle campagne.

Infine, l'integrazione della pubblicità a pagamento con **altre strategie di marketing digitale** può amplificare ulteriormente i risultati. Combinare gli annunci pagati con contenuti organici, marketing via email, SEO, e altre tattiche può creare un mix di marketing equilibrato che guida il traffico, genera lead, e aumenta le conversioni. Mantenere un approccio olistico e sfruttare la sinergia tra diverse strategie è essenziale per il successo nel marketing digitale.

Approfondendo ulteriormente, un aspetto fondamentale è la **gestione del budget pubblicitario**. Definire un budget e distribuirlo efficacemente tra le diverse campagne e piattaforme è essenziale per ottimizzare il ROI (Ritorno sull'Investimento). È utile iniziare con budget ridotti per i test iniziali e aumentare gradualmente gli investimenti nelle campagne che mostrano le migliori performance.

Allo stesso tempo, è importante non sottovalutare il **posizionamento degli annunci**. Sia Facebook che Instagram offrono diverse opzioni di posizionamento, compresi il feed principale, le storie, la barra laterale, e più ancora. Ogni posizione ha le sue caratteristiche e può influenzare la visibilità e la performance dell'annuncio, quindi è essenziale sperimentare e ottimizzare il posizionamento in base ai risultati ottenuti.

Un altro elemento chiave è la **personalizzazione del messaggio pubblicitario**. La possibilità di creare messaggi personalizzati in base al pubblico di destinazione è un vantaggio significativo della pubblicità su piattaforme social. Avere un chiaro messaggio e una proposta di valore distintiva, e adattarli alle esigenze e ai desideri del pubblico target, può aumentare notevolmente l'efficacia dell'annuncio.

Per massimizzare l'impatto della pubblicità a pagamento, è anche utile esplorare **strategie di retargeting**. Il retargeting permette di mostrare annunci specifici agli utenti che hanno già interagito con il sito web o con altre campagne pubblicitarie, aumentando le possibilità di conversione. Creare campagne di retargeting efficaci può contribuire a recuperare utenti indecisi e trasformarli in clienti.

La **costruzione di una community** attraverso i social media è un ulteriore strumento di valore. Interagire con gli utenti, rispondere ai commenti, e creare un dialogo può contribuire a costruire un rapporto di fiducia e a creare un senso di appartenenza alla marca. Questo può tradursi in una maggiore lealtà del cliente e, di conseguenza, in un aumento delle conversioni e delle vendite.

Infine, non dimentichiamo l'importanza del **marketing dei contenuti**. Integrare la pubblicità a pagamento con contenuti di valore che informano, educano, e intrattengono il pubblico può contribuire a stabilire l'autorità del brand nel suo settore, aumentare la fiducia dei consumatori, e incentivare l'engagement e le conversioni. Pubblicare regolarmente contenuti di qualità e promuoverli attraverso annunci pagati può essere una strategia vincente.

Concludendo, l'utilizzo della pubblicità a pagamento su piattaforme come Instagram e Facebook richiede una strategia ben ponderata e multifaccettata. La gestione oculata del budget pubblicitario e la sperimentazione dei diversi posizionamenti disponibili sono essenziali per scoprire ciò che funziona meglio per il vostro specifico business e pubblico di destinazione.

La personalizzazione del messaggio pubblicitario, unita a tecniche avanzate come il retargeting, ha il potenziale di aumentare significativamente le conversioni e massimizzare il ROI. Questi strumenti permettono di raggiungere gli utenti in modo mirato, rafforzare il rapporto con loro e, in ultima analisi, trasformarli in clienti fedeli.

L'importanza della costruzione di una community e del marketing dei contenuti non può essere sottovalutata. Questi elementi, se ben gestiti, contribuiscono a creare un brand forte e autorevole, in grado di attrarre e mantenere l'attenzione del pubblico, generando fiducia e lealtà.

Inoltre, il monitoraggio costante delle performance, l'analisi dei dati raccolti e l'adattamento delle strategie in base ai risultati ottenuti sono fondamentali per il successo delle campagne pubblicitarie a pagamento. Il digitale è un campo in continua evoluzione, e rimanere aggiornati sulle ultime tendenze e tecnologie disponibili è cruciale per mantenere un vantaggio competitivo.

In sintesi, un approccio olistico, che integri vari aspetti del marketing digitale e sfrutti appieno le potenzialità offerte dalla pubblicità a pagamento, può portare a risultati straordinari, contribuendo a incrementare la visibilità, attrarre nuovi clienti e, in definitiva, aumentare le vendite e i profitti del vostro negozio online.

20. Content Marketing • Creare contenuti attraenti e coinvolgenti.

Nel mondo del marketing online, il content marketing è una strategia fondamentale per attrarre e coinvolgere il pubblico, stabilire la propria autorità nel settore e, alla fine, convertire gli spettatori in clienti. Creare contenuti attraenti e coinvolgenti è essenziale, e questo implica la comprensione profonda dei bisogni, delle domande e dei desideri del vostro target di mercato.

La prima tappa del content marketing è la pianificazione. È cruciale sviluppare una strategia di contenuto che tenga conto del vostro pubblico di destinazione, dei loro interessi e dei loro comportamenti online. La creazione di un calendario editoriale è uno strumento utile per pianificare i contenuti, le tempistiche di pubblicazione e i canali di distribuzione, garantendo costanza e coerenza.

Un altro aspetto fondamentale è la diversificazione dei contenuti. Questo non significa solo creare articoli di blog, ma esplorare una varietà di formati come video, podcast, infografiche, webinar e e-book. Ogni formato ha il potenziale di raggiungere diversi segmenti del pubblico e di generare diversi tipi di coinvolgimento.

L'originalità e la qualità sono aspetti irrinunciabili. I contenuti devono essere unici, ben scritti e informativi, offrendo valore aggiunto agli utenti. La cura dei dettagli, la ricerca approfondita e l'accuratezza sono essenziali per stabilire la fiducia e la credibilità del vostro brand.

SEO e content marketing vanno di pari passo. Ogni contenuto creato deve essere ottimizzato per i motori di ricerca, utilizzando parole chiave rilevanti, meta tag appropriati e una struttura chiara e leggibile. Questo aiuterà a migliorare la visibilità online e a guidare traffico organico verso il vostro sito o piattaforma.

L'interazione con il pubblico è un altro elemento chiave. Rispondere ai commenti, alle domande e alle preoccupazioni aiuta a costruire relazioni con i vostri follower e a creare una community attorno al vostro brand. Ascoltare il feedback e adeguare la strategia di contenuto di conseguenza è fondamentale per il successo a lungo termine.

Misurare l'efficacia dei contenuti attraverso l'analisi delle metriche è essenziale. Monitorare le visualizzazioni, i click, le condivisioni, i commenti e altri KPI vi fornirà insight preziosi su ciò che funziona e su cosa può essere migliorato, permettendovi di affinare la strategia di content marketing e ottimizzare i risultati.

Infine, non dimenticate di promuovere i vostri contenuti attraverso i vari canali disponibili, come i social media, la posta elettronica e la pubblicità a pagamento. Questo contribuirà ad aumentare la portata e la visibilità dei vostri contenuti, attrarre un pubblico più ampio e generare maggiore coinvolgimento e conversioni.

In conclusione, il content marketing è un'arte e una scienza che richiede pianificazione strategica, creatività, attenzione al dettaglio e analisi dei dati. Implementando queste pratiche e adattandosi continuamente alle esigenze del pubblico e alle tendenze del mercato, sarete in grado di creare contenuti attraenti e coinvolgenti che potenzieranno la presenza online del vostro brand e contribuiranno al vostro successo commerciale.

Una delle sfide più grandi nel content marketing è mantenere la rilevanza in un panorama digitale in continua evoluzione. Rimanere aggiornati sulle ultime tendenze del settore, sui cambiamenti degli algoritmi dei motori di ricerca e sui nuovi strumenti e piattaforme è essenziale per assicurare che i vostri contenuti continuino ad attirare e coinvolgere il pubblico.

Una componente critica di una strategia di content marketing efficace è la storytelling. Raccontare storie avvincenti aiuta a costruire un legame emotivo con il vostro pubblico, rendendo il vostro brand memorabile e distinguendovi dalla concorrenza. La storytelling efficace sollecita emozioni, condivide esperienze umane e incorpora valori e messaggi chiari che risuonano con il pubblico.

È anche vitale sperimentare con nuove idee e formati di contenuto. L'innovazione è un motore chiave della differenziazione e dell'engagement. Sperimentare con realtà aumentata, contenuti interattivi, video a 360 gradi o podcast può aiutare a scoprire nuovi modi per comunicare il valore del vostro brand e per coinvolgere il pubblico in maniere uniche.

Incorporare l'User Generated Content (UGC) è un'ottima strategia per aumentare la credibilità e la fiducia nel vostro brand. Mostrare recensioni, testimonianze, foto e video realizzati dagli utenti crea una sensazione di comunità e autenticità, e incoraggia altri utenti a condividere le loro esperienze.

La personalizzazione dei contenuti è un altro elemento che non può essere trascurato. L'offerta di contenuti personalizzati in base ai comportamenti, alle preferenze e ai dati demografici degli utenti aumenta la rilevanza e l'impatto del messaggio. Utilizzare i dati e le analisi per segmentare il pubblico e creare contenuti su misura è fondamentale per costruire relazioni durature e aumentare le conversioni.

Non dimenticate l'importanza della formazione continua. La formazione e l'apprendimento continuo permettono di sviluppare nuove competenze, di rimanere aggiornati sulle migliori pratiche del settore e di adattarsi ai cambiamenti nel panorama del marketing digitale. Partecipare a webinar, leggere blog di settore, seguire corsi online e partecipare a conferenze sono modi efficaci per acquisire nuove conoscenze e competenze.

L'ascolto sociale è un altro strumento prezioso nel content marketing. Monitorare le conversazioni online, i sentimenti e le opinioni del pubblico può fornire insight importanti sui bisogni, le aspettative e le preferenze degli utenti. Utilizzare queste informazioni per informare la strategia di contenuto può aiutare a creare contenuti più rilevanti e mirati.

Inoltre, è cruciale valutare e rivedere costantemente la strategia di content marketing. Il mondo digitale è in continua evoluzione, e ciò che funzionava ieri potrebbe non funzionare domani. Essere flessibili, aperti al cambiamento e pronti ad adattare la strategia in base ai risultati e ai feedback è fondamentale per mantenere l'efficacia del content marketing nel lungo termine.

Infine, non sottovalutate il potere della collaborazione. Collaborare con altri brand, influencer, creatori di contenuti e addetti ai lavori può aprire nuove opportunità, ampliare la portata e apportare nuove prospettive e idee. La collaborazione può portare a partnership di successo, a contenuti condivisi e a una maggiore visibilità e riconoscimento nel settore.

Oltre ai fattori già discussi, la coerenza è una pietra miliare fondamentale nel content marketing. Mantenere una voce di marca coerente attraverso tutti i canali e i formati contribuisce a rafforzare l'identità del brand e a costruire la fiducia con il pubblico. Programmare i contenuti e mantenere una frequenza di pubblicazione regolare aiuta a instaurare aspettative e a mantenere l'interesse del pubblico.

Un aspetto che non va sottovalutato è l'ottimizzazione per i motori di ricerca (SEO). Una profonda conoscenza delle tecniche SEO è essenziale per assicurare che i contenuti siano facilmente rintracciabili e raggiungano un pubblico più ampio. L'uso di parole chiave pertinenti, la creazione di titoli accattivanti e l'ottimizzazione delle immagini sono tutte tecniche che contribuiscono a migliorare la visibilità online.

Un altro aspetto da considerare è il valore aggiunto che i contenuti apportano al pubblico. Offrire contenuti educativi, informativi o di intrattenimento che soddisfano un bisogno o risolvono un problema può contribuire a stabilire il brand come autorità nel settore e a costruire relazioni a lungo termine con il pubblico.

Il monitoraggio delle metriche e l'analisi dei dati sono fondamentali per valutare l'efficacia della strategia di content marketing. Tenere traccia delle visualizzazioni di pagina, dei tassi di conversione, delle interazioni sui social media e di altre metriche chiave fornisce informazioni preziose per affinare la strategia e migliorare i risultati nel tempo.

La risposta e l'interazione con il pubblico sui canali di social media e sui blog sono altrettanto cruciali. Rispondere ai commenti, alle domande e ai feedback dimostra che il brand valorizza le opinioni del pubblico e contribuisce a costruire una comunità attiva e impegnata attorno al brand.

Considerate anche l'importanza della varietà dei contenuti. Alternare tra contenuti di lunga e breve durata, tra immagini, video, articoli e altri formati mantiene il pubblico interessato e stimola l'engagement da diverse angolazioni. La varietà aiuta anche a raggiungere diversi segmenti del pubblico, ognuno con preferenze diverse in termini di consumo di contenuti.

Infine, ma non meno importante, la qualità dei contenuti deve sempre essere prioritaria rispetto alla quantità. Pubblicare contenuti di alta qualità, ben ricercati e ben scritti è fondamentale per costruire la reputazione del brand e per garantire che il pubblico ritorni per consumare nuovi contenuti. Dedicare tempo e risorse alla ricerca, alla revisione e all'editing è essenziale per mantenere elevati standard di qualità e per assicurare che ogni contenuto pubblicato apporti valore al pubblico e al brand.

Concludendo, il content marketing è uno strumento potente e multifacette per costruire e rafforzare la presenza online di un brand. È essenziale che ogni strategia di content marketing sia ben pianificata, meticolosamente eseguita e continuamente ottimizzata. Mantenere la coerenza del marchio, offrire valore aggiunto e assicurarsi che i contenuti siano ottimizzati per i motori di ricerca sono passaggi fondamentali per garantire il successo.

La varietà dei contenuti è una componente chiave: diversificare formati e lunghezze aiuta a mantenere l'interesse del pubblico alto e a raggiungere un'ampia gamma di utenti con preferenze diverse. Tuttavia, indipendentemente dalla varietà, la qualità non deve mai essere compromessa. Contenuti di alta qualità e ben ricercati non solo costruiscono la reputazione del brand, ma assicurano anche che il pubblico continui a tornare per consumare nuovi contenuti.

L'analisi dei dati e il monitoraggio delle metriche sono indispensabili per valutare l'efficacia della strategia e apportare miglioramenti. Comprendere ciò che funziona e ciò che non funziona è fondamentale per affinare la strategia di content marketing e massimizzare il ROI. Interagire con il pubblico, rispondere ai feedback e costruire una comunità attorno al brand possono ulteriormente incrementare l'engagement e la fedeltà del cliente.

Infine, una strategia di content marketing di successo deve essere flessibile e in grado di adattarsi ai cambiamenti. Il panorama digitale è in continuo sviluppo, e ciò che è efficace oggi potrebbe non esserlo domani. Rimanere aggiornati sulle ultime tendenze, tecniche e tecnologie è essenziale per mantenere la strategia di content marketing rilevante e efficace nel lungo termine. La capacità di innovare, sperimentare nuovi formati e adattarsi ai feedback del pubblico contribuirà a mantenere il brand in una posizione di leader nel suo settore e a costruire relazioni durature con il pubblico.

21. Email Marketing • Strategie di email marketing per mantenere i clienti coinvolti.

L'email marketing è una delle strategie di marketing digitale più antiche ma ancora incredibilmente efficaci. Consiste nell'inviare email a un gruppo di persone al fine di promuovere prodotti, servizi o altri contenuti rilevanti. Qui sono descritte diverse strategie per mantenere i clienti coinvolti attraverso l'email marketing.

1. **Segmentazione dell'Elenco di Email:** La segmentazione dell'elenco di email permette di inviare messaggi mirati a sottogruppi specifici all'interno del tuo database email. Questo può includere la segmentazione in base alla posizione geografica, al comportamento di acquisto, all'età o ad altri fattori demografici.

2. **Personalizzazione del Contenuto:** La personalizzazione delle email è fondamentale per attirare l'attenzione del destinatario. Questo può includere l'uso del nome del destinatario, la raccomandazione di prodotti basata sul comportamento di acquisto precedente, e la creazione di offerte esclusive.

3. **Ottimizzazione per Dispositivi Mobili:** Con l'aumento dell'uso dei dispositivi mobili, è

essenziale che le email siano ottimizzate per la visualizzazione su smartphone e tablet. Questo include l'uso di design responsive e la verifica che i CTA (call to action) siano facilmente cliccabili.

4. **A/B Testing:** L'A/B testing può aiutare a determinare quali linee di oggetto, contenuti e immagini ottengono le migliori prestazioni. Questo permette di ottimizzare le future campagne email per ottenere i migliori risultati possibili.

5. **Automazione dell'Email Marketing:** L'automazione permette di inviare email in momenti strategici basati sul comportamento del cliente, come l'abbandono del carrello, l'anniversario dell'iscrizione, o dopo un acquisto. Questo può aumentare significativamente l'engagement e le conversioni.

6. **Contenuti Coinvolgenti e Valore Aggiunto:** Offrire contenuti di valore e informazioni utili può contribuire a costruire relazioni con i clienti. Questo può includere consigli, guide, sconti esclusivi e aggiornamenti sui prodotti.

7. **Analisi delle Metriche:** Monitorare le metriche chiave come i tassi di apertura, di click-through e di conversione è essenziale per comprendere l'efficacia delle campagne email e per apportare migliorie.

8. **Frequenza e Tempistica:** È importante trovare il giusto equilibrio nella frequenza delle email. Inviare troppe email può portare a disiscrizioni, mentre inviare troppe poche può diminuire la visibilità del brand. Inoltre, la tempistica delle email può influenzare i tassi di apertura, quindi è utile testare diversi giorni della settimana e orari della giornata.

9. **Rispetto della Normativa:** Rispettare la normativa sulla privacy e sulle comunicazioni elettroniche è fondamentale. Ciò include l'ottenimento del consenso prima dell'invio di email e l'offerta di un'opzione di disiscrizione chiara in ogni email.

10. **Feedback dei Clienti:** Chiedere feedback e recensioni ai clienti può non solo migliorare i prodotti/servizi, ma anche costruire una relazione di fiducia. Le recensioni positive possono inoltre essere utilizzate nelle future campagne di marketing.

In conclusione, un'efficace strategia di email marketing richiede una pianificazione attenta, una profonda conoscenza del pubblico di destinazione, l'uso di contenuti personalizzati e coinvolgenti, e l'ottimizzazione continua attraverso l'analisi delle metriche e il testing. Mantenendo i clienti coinvolti e offrendo valore aggiunto, le aziende possono costruire relazioni durature e aumentare la fedeltà del cliente.

Per approfondire ulteriormente le strategie di email marketing e mantenerne l'efficacia, è fondamentale considerare ulteriori aspetti:

11. **Design Visivo Attraente:** Il design delle email deve essere visivamente attraente e rispecchiare l'identità del brand. Un design pulito, immagini di alta qualità e tipografia leggibile possono aumentare significativamente l'engagement dei destinatari.

12. **Messaggi di Benvenuto:** Creare una serie di messaggi di benvenuto per i nuovi iscritti può aiutare a stabilire un rapporto positivo sin dall'inizio, offrendo informazioni utili sul brand e sugli eventuali vantaggi dell'iscrizione.

13. **Programmi di Fedeltà:** Incorporare programmi di fedeltà nelle campagne email può incentivare i clienti a effettuare acquisti ripetuti, rafforzando la relazione tra il brand e il consumatore.

14. **Scrittura Persuasiva:** Una scrittura persuasiva, con tono di voce adatto al pubblico e chiari CTA, può influenzare significativamente la

conversione delle email. È importante incoraggiare i destinatari all'azione, siano essi acquisti, condivisioni o altre forme di engagement.

15. **Stagionalità e Eventi:** Sfruttare la stagionalità e gli eventi, come le festività, le stagioni e le ricorrenze speciali, può rendere le campagne email più rilevanti e tempestive, aumentando la probabilità di successo.

16. **Offerte Esclusive:** Fornire offerte esclusive attraverso le email può incentivare gli iscritti a rimanere abbonati e ad aprire le email, sapendo che potrebbero trovare sconti e promozioni riservate.

17. **Utilizzo di Video e GIF:** L'integrazione di elementi multimediali come video e GIF può rendere le email più coinvolgenti e dinamiche, attirando l'attenzione del destinatario e migliorando l'interazione.

18. **Responsive Design:** Assicurarsi che le email siano visualizzate correttamente su tutti i dispositivi è essenziale, dato l'aumento della lettura delle email su dispositivi mobili. Un design responsive si adatta alle dimensioni dello schermo, garantendo un'esperienza utente ottimale.

19. **Storytelling:** Utilizzare tecniche di storytelling nelle email può creare un legame emotivo con il destinatario, rendendo il messaggio più memorabile e la marca più affezionata.

20. **Risposte Automatiche e Follow-up:** Implementare risposte automatiche e email di follow-up può mantenere il dialogo con il cliente, soprattutto dopo un'interazione importante come un acquisto o un feedback.

21. **Test di Consegna:** Effettuare test di consegna e verificare che le email non finiscano nella cartella spam è fondamentale per garantire che i messaggi raggiungano effettivamente la casella di posta in arrivo dei destinatari.

Incorporando questi elementi e mantenendo una strategia di email marketing varia e adattata alle esigenze e alle preferenze del pubblico, è possibile mantenere un alto livello di coinvolgimento e fidelizzazione del cliente.

22. **Segmentazione dell'Audience:** La segmentazione dell'audience permette di inviare email personalizzate a diversi segmenti di clienti in base a fattori come età, posizione geografica, comportamento di acquisto, ecc. Questo aumenta la rilevanza delle email e, di conseguenza, il tasso di conversione.

23. **Analisi dei Dati:** Analizzare i dati di comportamento dei destinatari, come tassi di apertura, clic e conversione, può aiutare a ottimizzare le future campagne email. Identificare cosa funziona e cosa no è fondamentale per il miglioramento continuo della strategia.

24. **Ottimizzazione della Frequenza:** Trovare la frequenza di invio ideale è cruciale. Troppo spesso può risultare invadente e portare a disiscrizioni, mentre troppo raramente può diminuire la visibilità del brand.

25. **Test A/B:** Eseguire test A/B su oggetti, contenuti, immagini e CTA delle email può fornire insight preziosi su cosa attrae di più i destinatari e su come migliorare le future campagne.

26. **Re-engagement Campaigns:** Le campagne di re-engagement sono progettate per riattivare i clienti inattivi o non impegnati, offrendo incentivi, sconti o contenuti esclusivi.

27. **Webinars e Eventi:** Promuovere webinars, eventi o altri contenuti educativi attraverso l'email marketing può attirare l'interesse e aumentare il valore percepito del brand.

28.     **Consent Management:** Gestire il consenso dei destinatari è fondamentale per la conformità con le normative sulla privacy. Offrire opzioni di opt-in e opt-out chiare e accessibili contribuisce a costruire la fiducia.

29.     **Valorizzazione dei Contenuti User-Generated:** Incorporare contenuti generati dagli utenti nelle email può aumentare l'autenticità e la fiducia nel brand, incoraggiando la comunità e la partecipazione.

30.     **Personalizzazione e Dynamic Content:** La personalizzazione delle email e l'utilizzo di contenuti dinamici, che variano in base al destinatario, possono aumentare significativamente la rilevanza e l'efficacia delle campagne email.

31. **Incorporazione di Social Proof:** Inserire testimonianze, recensioni e altre forme di social proof nelle email può rafforzare la credibilità del brand e influenzare positivamente le decisioni di acquisto.

32.     **Tecniche di Copywriting:** Applicare tecniche di copywriting avanzate può migliorare l'efficacia dei messaggi email, rendendo i contenuti più persuasivi e coinvolgenti.

33.     **Landing Page Ottimizzate:** Assicurarsi che le landing page alle quali conducono le email siano ottimizzate per la conversione è fondamentale per il successo delle campagne email.

34.     **Automazione e Triggered Emails:** Implementare automazioni e email triggerate da comportamenti specifici degli utenti può aumentare l'efficacia delle campagne e risparmiare tempo prezioso.

35.     **Integrazione con Altri Canali:** Integrare l'email marketing con altri canali di marketing, come social media e marketing di contenuto, può creare un'esperienza più coesa e migliorare la strategia complessiva.

36.     **Feedback dei Clienti:** Raccogliere e analizzare il feedback dei clienti tramite email può offrire preziosi insight per migliorare prodotti, servizi e strategie di comunicazione.

Implementando e ottimizzando costantemente questi aspetti, le strategie di email marketing possono rimanere fresche, rilevanti e, soprattutto, efficaci nel tempo.

Concludendo, la strategia di email marketing è una componente multifaccettata e essenziale della comunicazione aziendale e del marketing digitale. Il suo successo non dipende da un singolo elemento, ma dalla sinergia di diverse tecniche, tattiche e pratiche ottimizzate per adattarsi alle esigenze e ai comportamenti del pubblico di destinazione.

La segmentazione dell'audience, l'analisi dei dati e l'ottimizzazione della frequenza di invio sono passaggi preliminari fondamentali per assicurare che ogni email inviata sia rilevante e ben accolta. La personalizzazione, il contenuto dinamico e l'incorporazione di social proof e contenuti generati dagli utenti amplificano ulteriormente l'impatto delle email, rendendole uno strumento più persuasivo e coinvolgente.

Il test A/B e l'ottimizzazione delle landing page sono strumenti indispensabili per affinare continuamente le campagne email e assicurare che ogni elemento, dall'oggetto al call-to-action, sia ottimizzato per la conversione. L'automazione e le email triggerate permettono di rispondere in modo tempestivo e pertinente ai comportamenti degli utenti, aumentando l'efficacia delle campagne e risparmiando risorse preziose.

L'integrazione con altri canali di marketing assicura una strategia complessiva omogenea e coesa, in cui l'email marketing si combina e si complementa con social media, content marketing e altre forme di comunicazione digitale. Infine, il feedback dei clienti raccolto attraverso le email offre una visione preziosa per l'azienda, permettendo di apportare miglioramenti continui ai prodotti, ai servizi e alle strategie di comunicazione.

La gestione del consenso e la conformità alle normative sulla privacy sono elementi non negoziabili, fondamentali per costruire e mantenere la fiducia dei destinatari e per operare in un contesto legale e etico.

In sintesi, una strategia di email marketing efficace è dinamica, adattiva e in continua evoluzione, con un focus costante sull'esperienza del destinatario e sull'offerta di valore. Implementando e monitorando attentamente ciascuno di questi aspetti, le aziende possono sfruttare appieno il potenziale dell'email marketing, mantenendo e approfondendo le relazioni con i clienti, promuovendo la fedeltà al brand e, in ultima analisi, guidando la crescita e il successo aziendale.

22. Programmi di Affiliazione • Creare e gestire programmi di affiliazione.

Creare e gestire programmi di affiliazione può essere un modo eccellente per aumentare la visibilità del tuo prodotto o servizio e incrementare le vendite. Questi programmi si basano sulla collaborazione con partner esterni, spesso detti affiliati, che promuovono il tuo prodotto in cambio di una commissione su ogni vendita o lead generato.

1. **Strutturazione del Programma**:

   - **Commissioni e Ricompense**: Definisci le commissioni che saranno offerte agli affiliati. Possono essere una percentuale delle vendite, un importo fisso per lead o un mix di entrambi.

   - **Termini e Condizioni**: Stabilisci regole chiare e trasparenti per prevenire abusi e malintesi tra le parti.

2. **Selezione degli Affiliati**:

   - Cerca affiliati che abbiano un pubblico rilevante per il tuo prodotto o servizio.

   - Valuta la loro reputazione, portata e modalità di promozione.

3. **Piattaforma di Affiliazione**:

   - Scegli una piattaforma di affiliazione affidabile per gestire le registrazioni, tracciare le conversioni e processare i pagamenti.

   - Alcune opzioni popolari includono CJ Affiliate, ShareASale e ClickBank.

4. **Materiali Promozionali**:

   - Fornisci agli affiliati materiali di marketing come banner, link tracciati e modelli di email.

   - Assicurati che i materiali siano professionali, accattivanti e in linea con il tuo brand.

5. **Comunicazione e Supporto**:

   - Mantieni una comunicazione regolare con gli affiliati, fornendo aggiornamenti, consigli e supporto.

   - Rispondi prontamente alle loro domande e preoccupazioni per costruire una relazione solida.

6. **Monitoraggio e Ottimizzazione**:

- Utilizza analytics per monitorare le prestazioni del programma, tracciando click, conversioni e ROI.

- Ottimizza continuamente il programma, aggiustando commissioni e strategie promozionali in base ai risultati.

7. **Payouts**:

- Assicurati di processare i pagamenti agli affiliati in modo tempestivo e trasparente.

- Considera i metodi di pagamento preferiti dagli affiliati, come PayPal o bonifico bancario.

8. **Legalità e Conformità**:

- Rivedi le normative locali e internazionali relative ai programmi di affiliazione.

- Assicurati che il programma sia in conformità con le leggi sulla privacy e sulla pubblicità.

9. **Feedback e Adattamento**:

- Raccogli feedback dagli affiliati per migliorare il programma.

- Adatta la strategia in base ai cambiamenti del mercato e alle esigenze degli affiliati e dei clienti.

In sintesi, un programma di affiliazione ben gestito può essere un asset prezioso per la tua attività. Richiede pianificazione, impegno e attenzione ai dettagli, ma i benefici in termini di maggiore visibilità e vendite possono essere significativi.

Un approfondimento ulteriore nella gestione dei programmi di affiliazione richiede di prendere in considerazione alcuni aspetti fondamentali che possono contribuire a rendere l'iniziativa ancora più fruttuosa e vantaggiosa.

**1. Analisi delle Performance degli Affiliati**: Monitorare costantemente le performance degli affiliati è fondamentale. Valutando quali affiliati performano meglio, si possono identificare le pratiche vincenti e incentivare gli altri a adottarle. La personalizzazione delle commissioni basata sul rendimento può motivare gli affiliati a investire maggiori sforzi nel programma.

**2. Educazione e Formazione**: Fornire formazione e risorse educative agli affiliati aiuta a migliorare le loro competenze di marketing e vendita, che a loro volta possono portare a maggiori conversioni. Webinar, tutorial e guide possono essere strumenti efficaci in questo senso.

**3. Innovazione e Tecnologia**: Essere al passo con gli aggiornamenti tecnologici è cruciale. L'implementazione di nuovi strumenti e tecnologie può facilitare il tracciamento, la reportistica e la gestione delle commissioni, migliorando l'efficienza del programma.

**4. Costruzione di Relazioni**: Sviluppare relazioni a lungo termine con gli affiliati è essenziale. La creazione di un senso di comunità tra gli affiliati può portare a una maggiore lealtà e a uno scambio di strategie e consigli utili.

**5. Eventi e Incentivi**: Organizzare eventi o competizioni esclusive per gli affiliati può stimolare l'interesse e l'impegno nel programma. Gli incentivi non devono necessariamente essere monetari; riconoscimenti, premi e opportunità di formazione possono essere altrettanto efficaci.

**6. Diversificazione degli Affiliati**: Avere una varietà di affiliati con diversi punti di forza e abilità può aiutare a raggiungere diversi segmenti di mercato. Diversificare il portafoglio di affiliati può contribuire a ridurre la dipendenza da pochi partner e a mitigare i rischi.

**7. Feedback Continuo e Miglioramenti**: Mantenere un canale di comunicazione aperto per il feedback è fondamentale. L'implementazione di suggerimenti e la risoluzione di problemi possono contribuire a ottimizzare il programma e a incrementare la soddisfazione degli affiliati.

**8. Analisi del Mercato e Trend**: Stare al passo con i trend del mercato e analizzare i comportamenti dei consumatori può fornire insights preziosi per adeguare le strategie di affiliazione. Adattare le offerte e le promozioni in base alle esigenze del mercato può aumentare la rilevanza e l'efficacia delle campagne.

**9. Branding Coerente e Qualità del Prodotto**: Garantire che gli affiliati mantengano un branding coerente è vitale. Inoltre, mantenere un alto standard di qualità del prodotto o servizio è cruciale per la reputazione del marchio e per la fiducia degli affiliati e dei clienti.

**10. Adattabilità e Flessibilità**: Il mondo dell'affiliazione è dinamico e in continua evoluzione. Essere pronti ad adattarsi ai cambiamenti, testare nuove strategie e essere flessibili nelle collaborazioni può contribuire a mantenere il programma di affiliazione rilevante e competitivo.

Incorporando queste considerazioni nella gestione del programma di affiliazione, le aziende possono sperare di costruire una rete di partner più solida, motivata e produttiva, che può tradursi in una crescita sostenibile e un successo a lungo termine. Ricordando sempre l'importanza di un approccio etico e trasparente, è possibile creare un ambiente di collaborazione reciprocamente vantaggioso.

In conclusione, la gestione efficace dei programmi di affiliazione richiede un approccio olistico e ben strutturato. Per ottenere il massimo dai propri affiliati e garantire il successo del programma, è cruciale attuare strategie che non solo ottimizzino la performance ma che promuovano anche un ambiente collaborativo e trasparente.

**Personalizzazione e Motivazione**: La personalizzazione delle commissioni e la creazione di un sistema di incentivi possono motivare gli affiliati, spingendoli a migliorare le proprie performance. Allo stesso tempo, mantenere una relazione aperta e costruttiva con gli affiliati è essenziale per promuovere la lealtà e l'impegno a lungo termine.

**Educazione e Supporto**: Fornire risorse educative, formazione e supporto continuo agli affiliati contribuisce a migliorare le loro competenze e a ottimizzare le loro strategie di vendita. Questo, a sua volta, si traduce in maggiori conversioni e in un aumento del ROI per l'azienda.

**Tecnologia e Innovazione**: L'adozione di soluzioni tecnologiche avanzate facilita il tracciamento delle performance, la gestione delle commissioni e la reportistica. Mantenersi aggiornati sulle ultime tendenze tecnologiche e di mercato è fondamentale per mantenere il programma competitivo e per identificare nuove opportunità di crescita.

**Diversificazione e Analisi**: Diversificare il portfolio di affiliati e analizzare costantemente i dati di mercato permette di identificare e sfruttare nuovi segmenti di mercato, riducendo al contempo la dipendenza da pochi partner e mitigando i rischi associati.

**Etica e Qualità**: Mantenere elevati standard etici, assicurare un branding coerente e garantire la qualità dei prodotti o servizi sono pilastri fondamentali per la reputazione del marchio. Questi aspetti influiscono direttamente sulla fiducia e sulla soddisfazione sia degli affiliati che dei clienti finali.

**Flessibilità e Adattabilità**: L'ambiente del marketing di affiliazione è dinamico e in rapida evoluzione. Le aziende devono quindi essere flessibili, pronte ad adattare le proprie strategie alle nuove tendenze e aperte a testare nuovi approcci per rimanere rilevanti e competitive nel mercato.

Infine, il coinvolgimento attivo, l'ascolto e la risposta ai feedback, nonché l'attuazione di miglioramenti continuativi, sono essenziali per il successo a lungo termine di qualsiasi programma di affiliazione. Questo approccio consente di creare un ecosistema di collaborazione in cui azienda e affiliati lavorano insieme per raggiungere obiettivi comuni, realizzando così una crescita sostenibile e reciprocamente vantaggiosa.

23. Offerte e Sconti • Utilizzo di offerte e sconti per stimolare le vendite.

Per ottenere il massimo dall'utilizzo di offerte e sconti nel stimolare le vendite, è necessario sviluppare una strategia attentamente pianificata, che tenga conto degli obiettivi di business, del comportamento dei clienti e delle dinamiche di mercato. Qui sono presentate diverse considerazioni e pratiche migliori in questo ambito.

**1. Targeting e Segmentazione**: Identificare e segmentare il pubblico target è essenziale. Offerte personalizzate basate su dati demografici, comportamentali e di acquisto possono aumentare la rilevanza e l'efficacia delle promozioni.

**2. Valore Aggiunto e Esclusività**: Le offerte dovrebbero fornire un valore aggiunto percepito. Creare offerte limitate nel tempo o in quantità, o offerte esclusive per determinati gruppi, come iscritti alla newsletter o membri di un programma fedeltà, può aumentare l'urgenza e il desiderio.

**3. Analisi dei Costi e dei Benefici**: Bilanciare lo sconto offerto con il margine di profitto è fondamentale. È importante analizzare l'impatto delle offerte sui margini e assicurarsi che gli sconti generino un aumento delle vendite tale da compensare la riduzione del guadagno per unità.

**4. Punti Vendita Multicanale**: Implementare offerte e sconti attraverso vari canali di vendita, inclusi online, in negozio e tramite dispositivi mobili, permette di raggiungere una base di clienti più ampia e diversificata.

**5. Tempismo e Stagionalità**: Il lancio di offerte in concomitanza con festività, stagioni di shopping o eventi speciali può massimizzare l'impatto. Considerare il tempismo delle offerte in base alla domanda di mercato e al comportamento d'acquisto dei consumatori è cruciale.

**6. Test e Ottimizzazione**: Condurre test A/B su vari elementi delle offerte, come la percentuale di sconto, la grafica e il messaggio, può aiutare a determinare ciò che risuona maggiormente con i clienti e a ottimizzare le future promozioni.

**7. Comunicazione Chiara e Coinvolgente**: È essenziale che la comunicazione delle offerte sia chiara, trasparente e accattivante. Utilizzare immagini di alta qualità, copywriting persuasivo e call-to-action efficaci può aumentare il tasso di conversione.

**8. Monitoraggio e Analisi delle Prestazioni**: Monitorare attentamente le prestazioni delle offerte in termini di vendite, traffico, conversioni e altri KPI è necessario per valutare il successo e apportare modifiche in tempo reale se necessario.

**9. Feedback e Adattamento**: Raccogliere feedback dai clienti e analizzare i dati post-campagna permette di adattare e affinare le future strategie promozionali in base a ciò che funziona meglio per il pubblico target.

**10. Lealtà e Relazione con il Cliente**: Oltre a stimolare le vendite, le offerte possono essere utilizzate per costruire e rafforzare le relazioni con i clienti. Valorizzare i clienti fedeli con offerte esclusive o programmi di ricompensa può incrementare la retention e il valore del cliente nel tempo.

In conclusione, utilizzare offerte e sconti in modo strategico e ponderato può non solo stimolare le vendite a breve termine, ma anche costruire relazioni durature con i clienti e migliorare la posizione competitiva nel mercato a lungo termine. L'adattamento continuo e l'apprendimento dalle esperienze passate sono fondamentali per il successo continuato di queste iniziative promozionali.

**Comportamento del Consumatore**: Studiare il comportamento del consumatore è essenziale per capire quali tipi di offerte sono più efficaci. Ad esempio, alcune persone potrebbero essere più attratte da uno sconto percentuale, mentre altre potrebbero preferire un valore fisso in euro scontato.

**Psicologia dei Prezzi**: La psicologia dei prezzi gioca un ruolo chiave nell'efficacia delle offerte. Strategie come il prezzo terminante in .99, gli sconti a soglia (es. sconto di 10€ per spese superiori a 50€) o il bundle pricing possono influenzare la percezione del valore da parte del consumatore.

**Limitazioni e Condizioni**: Imporre limitazioni e condizioni alle offerte, come una spesa minima o l'acquisto di determinati prodotti, può aumentare il valore del carrello medio e incentivare l'acquisto di articoli a margine più elevato.

**Personalizzazione e Dinamicità**: Le offerte personalizzate, basate sulle preferenze, sul comportamento d'acquisto e sui dati demografici dei clienti, tendono ad avere un tasso di conversione più elevato. La dinamicità nelle offerte, con variazioni in base al comportamento del cliente, può anch'essa incrementare l'efficacia.

**Rapporto con Fornitori e Partner**: Collaborare con fornitori e partner per ottenere condizioni di acquisto favorevoli o prodotti esclusivi può permettere di offrire sconti particolarmente attrattivi senza erodere eccessivamente i margini di profitto.

**Integrazione Tecnologica e Omni-Channel**: Utilizzare tecnologie come i codici QR, le app per dispositivi mobili e le piattaforme online consente di rendere le offerte accessibili su diversi canali e di tracciare con precisione l'efficacia delle campagne promozionali.

**Fidelizzazione Post-Vendita**: Le offerte possono essere un ottimo strumento per fidelizzare i clienti anche dopo l'acquisto. Offrire sconti sul prossimo acquisto, inviare codici promozionali post-vendita o proporre programmi di fidelizzazione può contribuire a mantenere elevata la frequenza di acquisto.

**Analisi Competitiva e Posizionamento di Mercato**: Monitorare le offerte della concorrenza e posizionare strategicamente le proprie promozioni può aiutare a distinguersi nel mercato e a garantire che le offerte siano competitive e attrattive.

**Sostenibilità e Responsabilità Sociale**: Integrare elementi di sostenibilità e responsabilità sociale nelle offerte, come la donazione di una percentuale del ricavato a cause benefiche, può migliorare la percezione del marchio e attirare consumatori eticamente orientati.

**Tempo di Rimanenza e Scorte**: Gestire le scorte e i tempi di rimanenza dei prodotti può influenzare la pianificazione delle offerte. Sconti su prodotti in eccesso o a fine stagione possono aiutare a liberare magazzino e a migliorare la liquidità.

Incorporando questi elementi nelle strategie di offerte e sconti, un'impresa può non solo stimolare le vendite, ma anche costruire un brand forte e relazioni durature con i clienti, mantenendo al contempo la sostenibilità finanziaria.

In conclusione, l'utilizzo di offerte e sconti è una strategia cruciale che, se implementata correttamente, può significativamente stimolare le vendite e incrementare la customer loyalty. Tuttavia, è essenziale che questa tattica sia applicata con saggezza e riflessione, tenendo conto di diversi fattori che possono influire sull'efficacia della strategia.

Primo, una profonda comprensione del comportamento del consumatore è vitale. Ogni cliente è unico, e ciò che funziona per uno potrebbe non funzionare per un altro. L'analisi dei dati e l'adattamento delle offerte alle preferenze individuali possono far sì che le promozioni siano percepite come valore aggiunto, incentivando ulteriori acquisti.

La psicologia dei prezzi è un altro aspetto fondamentale. Piccoli dettagli, come la presentazione del prezzo o la strutturazione dell'offerta, possono avere un impatto significativo sulla percezione del valore e sull'attrattiva dell'offerta. È fondamentale sperimentare e testare diverse approcci per identificare ciò che risuona di più con la clientela target.

Inoltre, la collaborazione con fornitori e partner può aprire nuove opportunità. Negoziazioni abili possono permettere di ottenere condizioni vantaggiose, rendendo possibile offrire sconti significativi mantenendo sani margini di profitto. La creazione di offerte esclusive può anche posizionare il marchio come unico nel mercato, attirando clienti in cerca di prodotti o esperienze irripetibili.

L'integrazione tecnologica e l'approccio omni-channel sono fondamentali nell'era digitale. La possibilità di raggiungere i clienti attraverso diversi canali e di offrire un'esperienza d'acquisto fluida e integrata può notevolmente migliorare l'efficacia delle offerte. La raccolta e l'analisi dei dati attraverso questi canali possono, inoltre, fornire insights preziosi per affinare le future strategie promozionali.

Non meno importante è l'attenzione alla sostenibilità e alla responsabilità sociale. In un mondo sempre più consapevole delle questioni ambientali e sociali, l'integrazione di pratiche etiche nelle offerte può rafforzare l'immagine del marchio e attrarre un segmento di consumatori sempre più ampio e consapevole.

Infine, una gestione accurata delle scorte e una pianificazione attenta delle promozioni in relazione al tempo di rimanenza dei prodotti possono aiutare a evitare sprechi e a ottimizzare i flussi di cassa.

In sintesi, la creazione di offerte e sconti efficaci richiede una strategia ben pensata e multifaccettata, che tenga conto delle esigenze e delle preferenze dei clienti, delle dinamiche di mercato, delle possibilità tecnologiche e delle questioni etiche. Quando ben eseguita, questa tattica può portare a un incremento delle vendite, a una maggiore fidelizzazione del cliente e a un posizionamento di mercato più forte, contribuendo al successo a lungo termine dell'impresa.

24. Analisi e Ottimizzazione • Monitorare e ottimizzare le performance del negozio.

Monitorare e ottimizzare le performance del negozio sono due elementi cruciali che ogni imprenditore dovrebbe avere al centro della propria strategia. Questo processo inizia dall'identificazione degli obiettivi chiave di business e dalla definizione di KPI (Key Performance Indicators) che permettano di misurare l'efficienza delle varie attività.

**Analisi delle Performance:** L'analisi delle performance si focalizza sulla raccolta e interpretazione dei dati. Strumenti come Google Analytics, Facebook Insights e altri software di analisi dei dati sono essenziali. Essi permettono di monitorare il traffico web, le conversioni, il tempo trascorso dagli utenti sul sito, il tasso di abbandono del carrello e molti altri fattori.

L'analisi dei dati non dovrebbe limitarsi al sito web o alla piattaforma di e-commerce. Anche i dati di vendita offline, le interazioni dei clienti, i feedback e i dati delle scorte devono essere considerati per avere un quadro completo delle performance.

**Segmentazione della Clientela:** Un'altra strategia efficace è la segmentazione della clientela. Suddividendo i clienti in gruppi in base a caratteristiche come età, posizione geografica, comportamento d'acquisto, è possibile personalizzare le offerte e le comunicazioni, migliorando l'efficacia delle campagne marketing e aumentando la customer satisfaction.

**Test A/B:** I Test A/B sono essenziali per ottimizzare le performance. Si tratta di confrontare due versioni di una pagina web, di un'email o di un annuncio pubblicitario per vedere quale performa meglio. Modificando un solo elemento per volta (come il colore di un pulsante, il testo di un'offerta, o l'immagine di un prodotto), è possibile identificare quali fattori influenzano positivamente le conversioni.

**Ottimizzazione dei Processi:** Oltre all'ottimizzazione delle campagne marketing e delle pagine web, è fondamentale rivedere e migliorare continuamente i processi interni. L'efficienza nella gestione delle scorte, l'ottimizzazione dei tempi di spedizione, e la riduzione dei costi operativi possono avere un impatto significativo sul margine di profitto.

**Feedback dei Clienti:** Ascoltare i clienti è un altro modo per ottimizzare le performance. I feedback dei clienti possono rivelare punti di forza e di debolezza, fornendo spunti preziosi per migliorare l'offerta di prodotti, il servizio clienti, e l'esperienza d'acquisto complessiva.

**Adattamento alle Tendenze di Mercato:** Infine, è vitale rimanere aggiornati sulle tendenze di mercato e sull'evoluzione del comportamento dei consumatori. Adattare l'offerta e le strategie di marketing in base alle nuove tendenze può aiutare a mantenere la competitività e ad attrarre nuovi clienti.

**Conclusione:** In conclusione, l'analisi e l'ottimizzazione sono processi continui e multifaccettati. Richiedono un'attenta raccolta e interpretazione dei dati, una costante sperimentazione e adattamento, e un'attenzione focalizzata sulle esigenze e sulle preferenze dei clienti. La chiave del successo sta nell'equilibrio tra l'utilizzo di tecnologie avanzate e l'ascolto attivo del mercato e dei consumatori, il tutto mirato a creare valore e a costruire relazioni durature con la clientela.

L'analisi e l'ottimizzazione sono fasi essenziali nel ciclo di vita di un'impresa. Per approfondire ulteriormente, possiamo considerare diversi altri aspetti:

**Analisi dei Concorrenti:** Studiare le strategie dei concorrenti può fornire preziose informazioni. Esaminando i loro punti di forza e di debolezza, le loro strategie di marketing, prezzi e offerte, si possono identificare opportunità e minacce nel mercato e adeguare di conseguenza la propria strategia.

**Ottimizzazione SEO:** Il posizionamento nei motori di ricerca è fondamentale per la visibilità online. L'ottimizzazione SEO non è un'operazione una tantum, ma richiede un impegno costante. È necessario monitorare le parole chiave, aggiornare i contenuti, ottimizzare le immagini e i meta tag, e tenere sotto controllo la velocità di caricamento del sito.

**User Experience e Design:** La User Experience è un altro fattore cruciale. Un sito web intuitivo, facile da navigare e visivamente piacevole può aumentare il tempo trascorso dall'utente sulla piattaforma e migliorare il tasso di conversione. È importante testare regolarmente il design e la funzionalità del sito e apportare miglioramenti basati sui feedback degli utenti.

**Innovazione di Prodotto:** Rinnovare continuamente l'offerta di prodotti o servizi può mantenere alto l'interesse dei consumatori. La ricerca e lo sviluppo di nuovi prodotti, l'aggiornamento di quelli esistenti e l'adattamento alle esigenze del mercato sono tutti elementi che contribuiscono a mantenere la competitività.

**Formazione del Personale:** Investire nella formazione del personale può portare a un aumento della produttività e a un miglioramento del servizio clienti. Dipendenti competenti e motivati sono una risorsa preziosa per ogni azienda e possono contribuire significativamente al successo dell'impresa.

**Gestione dei Rischi:** L'identificazione e la gestione dei rischi sono essenziali per la sostenibilità a lungo termine. Sia che si tratti di rischi finanziari, operativi o di mercato, è importante avere strategie in atto per mitigarli e garantire la stabilità dell'azienda.

**Uso di Tecnologie Emergenti:** L'adozione di nuove tecnologie può portare a efficienze operative e a un vantaggio competitivo. La blockchain, l'intelligenza artificiale, la realtà aumentata sono solo alcune delle tecnologie emergenti che le imprese possono esplorare per migliorare le loro operazioni.

**Sostenibilità Ambientale:** In un'epoca in cui la sostenibilità è sempre più al centro dell'attenzione, l'adozione di pratiche ecologicamente sostenibili può non solo ridurre l'impatto ambientale, ma anche attrarre clienti consapevoli e migliorare la reputazione dell'azienda.

Ogni aspetto menzionato contribuisce a creare un'impresa resiliente e prospera. L'attenzione continua alla cura dei dettagli, l'adattamento e l'innovazione sono elementi chiave che ogni imprenditore dovrebbe incorporare nella propria strategia di analisi e ottimizzazione.

Naturalmente, continuando a esplorare ulteriormente questo argomento vasto ed essenziale, incontriamo ulteriori dimensioni e tecniche di analisi e ottimizzazione che un'azienda potrebbe adottare:

**Test A/B:** Conducting A/B testing on different elements of your website, like CTAs, images, and content, can significantly improve conversion rates. By comparing two versions of a webpage or component, businesses can understand what works best for their audience and make data-driven decisions.

**Analisi dei Dati dei Clienti:** Raccogliere e analizzare i dati dei clienti, come le loro preferenze, comportamenti di acquisto e feedback, è fondamentale. Queste informazioni possono aiutare a personalizzare le offerte, migliorare la relazione con il cliente e aumentare la fidelizzazione.

**Ottimizzazione delle Conversioni (CRO):** L'ottimizzazione del tasso di conversione è una pratica essenziale che implica il miglioramento di vari elementi del sito web per aumentare la probabilità che i visitatori compiano un'azione desiderata, come fare un acquisto o iscriversi a una newsletter.

**Strategie di Prezzo Dinamico:** Implementare strategie di prezzi dinamici, che si adattano in tempo reale in base alla domanda, alla concorrenza e ad altri fattori, può aiutare a massimizzare i profitti e a ottimizzare i margini.

**Analisi delle Prestazioni dei Dipendenti:**
Monitorare e valutare le prestazioni dei dipendenti
consente di identificare aree di miglioramento,
aumentare la produttività e assicurare che il team
lavori in modo efficiente e alineato agli obiettivi
aziendali.

**Analisi dei Trend di Mercato:** Rimanere aggiornati
sui trend del mercato e sulle evoluzioni del settore è
vitale. Comprendere i cambiamenti nel
comportamento dei consumatori, nelle tecnologie e nei
competitor può fornire insight preziosi e identificare
nuove opportunità o minacce.

**Ottimizzazione della Supply Chain:** L'efficienza
della catena di approvvigionamento è fondamentale
per ridurre i costi e migliorare la soddisfazione del
cliente. È essenziale esaminare regolarmente i processi,
i fornitori e la logistica per identificare e implementare
miglioramenti.

**Feedback e Recensioni:** Gestire attivamente le
recensioni dei clienti e rispondere ai loro feedback può
migliorare la reputazione dell'azienda e risolvere
tempestivamente eventuali problemi, contribuendo
alla fidelizzazione del cliente.

**Ottimizzazione Fiscale:** Una gestione fiscale
efficace e l'ottimizzazione delle passività fiscali
attraverso la pianificazione e la conformità possono

migliorare significativamente il bilancio dell'azienda e ridurre i rischi legali.

**Analisi del Ritorno sull'Investimento (ROI):** Misurare il ritorno sull'investimento delle diverse iniziative e campagne può aiutare a capire dove allocare le risorse in modo più efficace e a valutare la redditività delle strategie adottate.

**Adattamento alle Normative:** L'ambiente normativo è in costante evoluzione. Rimanere conformi alle leggi e ai regolamenti, adattare le politiche e i processi alle nuove normative può prevenire sanzioni e proteggere la reputazione dell'azienda.

**Tecniche di Neuromarketing:** L'applicazione di principi neuroscientifici al marketing può rivelare insight sul comportamento dei consumatori e guidare la creazione di strategie pubblicitarie più efficaci, basate sulle reazioni emotive e cognitive del pubblico.

**Sviluppo Sostenibile:** Integrare principi di sviluppo sostenibile nei processi aziendali non solo è eticamente responsabile, ma può anche portare a un vantaggio competitivo, attrarre clienti e talenti, e migliorare le relazioni con gli stakeholder.

Questi sono solo alcuni degli approcci e delle tecniche che le aziende possono adottare nella loro incessante ricerca di analisi e ottimizzazione. Ogni strada esplorata può rivelare nuove opportunità e sfide, che, se affrontate con ingegno e determinazione, possono portare a miglioramenti significativi nelle performance aziendali.

In conclusione, l'analisi e l'ottimizzazione delle performance del negozio sono processi multifattoriali che richiedono un impegno continuo e approfondito in diversi ambiti. Dall'analisi dei dati e dei trend di mercato alla valutazione delle prestazioni dei dipendenti, ogni aspetto della gestione del negozio può beneficiare di un'attenzione costante e mirata all'ottimizzazione.

Le tecniche di analisi A/B e CRO sono essenziali per comprendere il comportamento degli utenti e per apportare modifiche al sito web e ad altri touchpoint del cliente in modo da massimizzare le conversioni. Inoltre, un monitoraggio attento delle recensioni e del feedback dei clienti può offrire insight preziosi per migliorare la qualità del servizio e la soddisfazione del cliente.

L'adozione di strategie di prezzo dinamico e l'ottimizzazione della supply chain contribuiscono a bilanciare l'equilibrio tra domanda e offerta, massimizzando i profitti e riducendo i costi. Queste strategie, insieme a un'efficace gestione fiscale, sono fondamentali per assicurare la sostenibilità finanziaria dell'azienda a lungo termine.

Non meno importanti sono l'adattamento alle normative e l'integrazione di principi di sviluppo sostenibile. Questi elementi non solo salvaguardano l'azienda da rischi legali e reputazionali, ma contribuiscono anche a costruire un'immagine positiva dell'azienda, attrarre clienti consapevoli e differenziarsi dalla concorrenza.

Infine, l'uso innovativo di tecniche di neuromarketing e l'analisi approfondita del ROI delle varie iniziative di marketing possono apportare una comprensione più profonda delle motivazioni dei clienti e orientare lo sviluppo di strategie pubblicitarie e promozionali più efficaci.

In sintesi, l'analisi e l'ottimizzazione sono processi continuativi che abbracciano diversi aspetti dell'attività aziendale. La chiave del successo risiede nella capacità di integrare diverse tecniche e approcci, adattarsi rapidamente ai cambiamenti e sfruttare ogni opportunità per migliorare e innovare. Attraverso questo impegno incessante, le aziende possono non solo migliorare le proprie performance, ma anche costruire relazioni durature con i clienti e garantirsi un posto di rilievo nel mercato competitivo di oggi.

25. Aspetti Legali e Fiscali • Gestione degli aspetti legali e fiscali dell'e-commerce.

La gestione degli aspetti legali e fiscali è cruciale per la stabilità e la crescita di qualsiasi impresa di e-commerce. Navigare attraverso le normative, mantenere la conformità e gestire le tasse in modo efficace sono tutte componenti chiave di una solida base operativa.

1. **Conformità Normativa**: Gli operatori di e-commerce devono operare in conformità con una serie di leggi e normative a livello locale, nazionale e internazionale. Queste possono includere norme relative alla protezione dei dati dei consumatori, diritti d'autore, commercio elettronico, pubblicità, e tutela dei consumatori. È essenziale rimanere aggiornati su eventuali modifiche legislative e assicurarsi che l'attività sia sempre in regola.

2. **Protezione Dati e Privacy**: Con l'avvento del GDPR in Europa e di leggi simili in altre giurisdizioni, la protezione dei dati e la privacy dei consumatori sono diventate priorità assolute. Le aziende devono assicurarsi di raccogliere, utilizzare e conservare i dati dei clienti in modo legale e sicuro, e devono essere trasparenti su come i dati vengono utilizzati.

3. **Diritti d'Autore e Proprietà Intellettuale**:
   La protezione della proprietà intellettuale, come
   marchi, brevetti e diritti d'autore, è
   fondamentale. È importante registrare tali diritti
   laddove possibile e monitorare il mercato per
   prevenire eventuali violazioni.

4. **Tassazione**: La gestione della fiscalità è un altro
   aspetto critico, soprattutto per le aziende che
   operano a livello internazionale. È necessario
   comprendere le leggi fiscali in ogni paese in cui si
   opera, inclusi IVA, tasse sul reddito e dazi
   doganali, e presentare tutte le dichiarazioni e i
   pagamenti in tempo.

5. **Contratti e Termini di Servizio**: La
   redazione di contratti solidi, termini di servizio e
   politiche di privacy è fondamentale per definire
   le aspettative e gli obblighi sia dell'azienda che
   dei clienti. Questi documenti devono essere
   chiari, conformi alla legge, e facilmente
   accessibili.

6. **Gestione dei Rischi e Assicurazioni**:
   Identificare e gestire i rischi legali attraverso
   politiche aziendali adeguate e coperture
   assicurative può aiutare a mitigare l'impatto di
   eventuali controversie legali o reclami dei
   consumatori.

7. **Responsabilità del Prodotto e Reclami**: È essenziale avere procedure in atto per gestire eventuali reclami relativi a prodotti difettosi o dannosi e assicurarsi di operare in conformità con le normative sulla responsabilità del prodotto.

Infine, la consulenza legale regolare e proattiva può contribuire a identificare e affrontare in anticipo potenziali problemi legali, riducendo il rischio di contenziosi e assicurando che l'azienda sia posizionata in modo ottimale per navigare nel complesso panorama legale e fiscale dell'e-commerce.

Gli aspetti legali e fiscali della gestione dell'e-commerce sono multiformi e richiedono un'attenzione costante a diversi fattori chiave, tra cui:

1. **Licenze e Permessi**: È fondamentale ottenere tutte le licenze e i permessi necessari per operare legalmente. Questo potrebbe includere licenze commerciali, permessi sanitari, e licenze per la vendita di particolari tipi di prodotti.

2. **Regolamenti sui Pagamenti**: Con la varietà di metodi di pagamento disponibili online, è cruciale essere al corrente delle diverse leggi e normative che regolano le transazioni finanziarie, comprese quelle relative ai servizi di pagamento online e alla prevenzione delle frodi.

3. **E-commerce Transfrontaliero**: La vendita di prodotti o servizi a clienti in altri paesi può esporre l'impresa a un ulteriore strato di complessità legale e fiscale. Le norme doganali, le restrizioni all'importazione, le diverse valute e le leggi sulla protezione dei consumatori possono tutte influire sulle operazioni internazionali.

4. **Politiche di Restituzione e Rimborsi**: È obbligatorio avere politiche chiare e conformi alla legge riguardo alle restituzioni e ai rimborsi. Queste politiche devono essere facilmente accessibili ai clienti e implementate in modo coerente.

5. **Etichettatura e Informazioni sul Prodotto**: Le leggi sulla corretta etichettatura dei prodotti e sulla fornitura di informazioni accurate e complete ai consumatori devono essere seguite scrupolosamente. Questo è particolarmente importante per prodotti come alimenti, cosmetici, e articoli per bambini.

6. **Pubblicità e Marketing**: Le pratiche pubblicitarie e di marketing devono essere condotte in modo etico e conformemente alle leggi sulla pubblicità. Le affermazioni ingannevoli o fuorvianti possono portare a severe sanzioni legali e danneggiare la reputazione dell'azienda.

7. **Gestione dei Dipendenti e Leggi del Lavoro**: Se l'azienda impiega personale, è necessario essere a conoscenza delle leggi del lavoro applicabili, inclusi diritti dei lavoratori, salari, e condizioni di lavoro.

8. **Sicurezza e Cybersecurity**: La sicurezza delle informazioni aziendali e dei dati dei clienti è di fondamentale importanza. Implementare protocolli di sicurezza robusti e conformarsi alle normative sulla cybersecurity aiuta a prevenire violazioni dei dati e a proteggere la reputazione dell'azienda.

Questi sono solo alcuni dei molteplici aspetti che le imprese di e-commerce devono considerare per gestire efficacemente gli aspetti legali e fiscali delle loro operazioni. Mantenere una relazione collaborativa con consulenti legali e fiscali, rimanere proattivi nella ricerca e comprensione delle normative in evoluzione, e adottare pratiche commerciali etiche e trasparenti possono aiutare le aziende a navigare con successo in questo ambiente complesso e in continua evoluzione.

9. **Tasse e Imposte**: La gestione delle tasse è un aspetto cruciale per qualsiasi attività di e-commerce. Ogni vendita può essere soggetta a IVA o altre imposte, e le normative variano a seconda del paese in cui l'azienda è stabilita e in cui opera. È essenziale avere un sistema

affidabile per calcolare, riscuotere e versare le tasse dovute, ed essere al corrente di eventuali esenzioni o riduzioni fiscali applicabili.

10. **Privacy dei Dati e GDPR**: La protezione dei dati dei clienti è un obbligo legale e una priorità etica. Le aziende europee, o quelle che trattano dati di cittadini dell'UE, devono aderire al Regolamento Generale sulla Protezione dei Dati (GDPR). Questo implica avere politiche di privacy chiare, ottenere consensi, e implementare misure per proteggere i dati.

11. **Proprietà Intellettuale**: La protezione della proprietà intellettuale, inclusi marchi, brevetti e diritti d'autore, è fondamentale. Non solo protegge le creazioni e il brand dell'azienda, ma previene anche violazioni legali dei diritti altrui.

12. **Contratti con Fornitori e Terze Parti**: Gli accordi con fornitori, produttori e altri partner commerciali devono essere redatti accuratamente per evitare controversie future. È importante che tali contratti siano chiari, equi e conformi alla legge.

13. **Responsabilità del Prodotto e Assicurazioni**: Le aziende di e-commerce devono valutare attentamente i rischi associati ai prodotti che vendono. La responsabilità del prodotto può essere un'area problematica, e

avere coperture assicurative adeguate può mitigare potenziali perdite finanziarie.

14. **Etica Aziendale e Responsabilità Sociale**: Mantenere elevati standard etici e praticare la responsabilità sociale aziendale può non solo migliorare l'immagine del brand, ma anche prevenire problemi legali. È fondamentale agire in modo etico in tutte le aree, dalla produzione al marketing.

15. **Norme Ambientali**: Con l'aumento dell'attenzione sul cambiamento climatico, è sempre più importante essere consapevoli delle normative ambientali. Questo include la gestione dei rifiuti, l'uso sostenibile delle risorse e la riduzione dell'impronta di carbonio.

16. **Compliance alle Normative Locali**: Ogni paese ha le proprie leggi e normative. Avere una conoscenza profonda delle normative locali è essenziale per le aziende che operano in più mercati, al fine di evitare multe e sanzioni.

17. **Formazione del Personale**: Formare adeguatamente il personale su temi quali la privacy dei dati, la sicurezza informatica e le norme etiche, contribuisce a ridurre i rischi legali e a garantire la compliance.

18. **Gestione delle Controversie e Delle Recensioni Negative**: Avere procedure per gestire le controversie con i clienti e rispondere alle recensioni negative in modo costruttivo può aiutare a mantenere una buona reputazione e ad evitare conseguenze legali.

Navigare attraverso la complessità di questi aspetti richiede tempo, risorse e una conoscenza approfondita delle leggi e delle normative in continuo cambiamento, rendendo fondamentale un approccio proattivo e informato alla gestione degli aspetti legali e fiscali dell'e-commerce.

Concludendo, la gestione degli aspetti legali e fiscali nel settore dell'e-commerce è un'attività multifaccettata e complessa che richiede una comprensione profonda delle diverse normative in vigore. È imperativo che le aziende siano proattive nel garantire la conformità a tutte le leggi, regolamenti e normative applicabili, che possono variare significativamente tra diversi paesi e regioni.

È essenziale che le aziende implementino sistemi efficaci per calcolare, riscuotere e versare le tasse dovute, e che siano aggiornate su eventuali cambiamenti nelle normative fiscali. La non conformità può portare a gravi conseguenze, incluse pesanti multe e danni alla reputazione dell'azienda.

Inoltre, la tutela della privacy dei dati dei clienti è di importanza cruciale, in particolare in un'era digitale in cui la raccolta e l'uso dei dati sono all'ordine del giorno. Le aziende devono essere trasparenti nella comunicazione delle loro politiche di privacy e sicurezza dei dati e ottenere consenso esplicito prima di raccogliere o utilizzare dati personali. La formazione continua del personale su queste questioni è altresì fondamentale per ridurre i rischi.

La protezione della proprietà intellettuale e la gestione dei contratti con fornitori e terze parti richiedono un'attenzione particolare. Accordi chiari e legalmente validi sono essenziali per minimizzare il rischio di controversie legali. La responsabilità del prodotto e la copertura assicurativa sono altre aree cruciali che necessitano una gestione attenta per proteggere l'azienda da possibili perdite finanziarie e danni alla reputazione.

Non meno importante, le aziende devono adottare un approccio etico e socialmente responsabile in tutte le loro operazioni. Il rispetto delle norme ambientali e la promozione di pratiche sostenibili non solo migliorano l'immagine del brand ma sono anche fondamentali in un mondo sempre più consapevole dei cambiamenti climatici.

Infine, la capacità di adattarsi a nuove leggi e regolamenti, l'implementazione di buone pratiche di gestione e la formazione del personale sono elementi chiave per navigare con successo attraverso gli aspetti legali e fiscali dell'e-commerce. Un impegno costante e informato in queste aree garantirà la sostenibilità e il successo a lungo termine dell'impresa nel complesso panorama dell'e-commerce.

26. Gestione delle Recensioni • Come gestire le recensioni positive e negative.

La gestione delle recensioni è un aspetto fondamentale per il successo di un e-commerce, influenzando la reputazione dell'azienda, la fiducia dei clienti e, in ultima analisi, le vendite. Vediamo come gestire sia le recensioni positive che quelle negative in modo efficace e costruttivo.

1. **Recensioni Positive:**

**Valorizzazione:** Le recensioni positive vanno valorizzate e condivise. È consigliabile condividerle sui social media, sul sito web e in altri canali di marketing. Questo aiuta a costruire la reputazione dell'azienda e a rafforzare la fiducia dei clienti.

**Risposta:** Ringraziare i clienti per le recensioni positive è un segno di apprezzamento e costruisce relazioni positive. Una risposta personale e autentica può aumentare la lealtà del cliente e la probabilità di raccomandazioni.

**Analisi:** Analizzare le recensioni positive può aiutare a comprendere i punti di forza dell'azienda. Identificare elementi comuni nelle recensioni positive può guidare le strategie future e migliorare ulteriormente i prodotti o i servizi.

## 2. Recensioni Negative:

**Ascolto Attivo:** Le recensioni negative necessitano di ascolto attivo. È importante capire le preoccupazioni del cliente e identificare eventuali aree di miglioramento.

**Risposta Tempestiva e Costruttiva:** Rispondere tempestivamente e in modo costruttivo è cruciale. La risposta dovrebbe esprimere empatia, prendere in considerazione i feedback e offrire soluzioni. L'obiettivo è trasformare un'esperienza negativa in una positiva.

**Risoluzione dei Problemi:** Quando possibile, è importante risolvere proattivamente i problemi evidenziati nelle recensioni negative. Questo potrebbe includere il rifare un ordine, offrire un rimborso, o apportare miglioramenti al prodotto o al servizio.

**Apprendimento:** Le recensioni negative sono opportunità di apprendimento. Analizzare i feedback negativi e apportare i cambiamenti necessari può aiutare a prevenire problemi futuri e migliorare la qualità dell'offerta.

**Monitoraggio:** Monitorare regolarmente le recensioni permette di individuare tempestivamente eventuali problemi e tendenze negative, permettendo un intervento rapido.

Infine, è importante incoraggiare attivamente i clienti a lasciare recensioni, fornendo loro piattaforme facili da usare e accessibili. Mantenere l'autenticità è fondamentale, quindi evitare pratiche scorrette come l'acquisto di recensioni false. La trasparenza e l'onestà sono valori chiave che contribuiranno a costruire una reputazione solida e a lungo termine.

27. Risolvere i Problemi • Strategie per risolvere i problemi comuni in modo efficace.

Affrontare e risolvere i problemi è una parte inevitabile della gestione di un'attività commerciale. Ecco alcune strategie dettagliate per affrontare e risolvere efficacemente i problemi comuni nell'e-commerce:

1. **Identificazione Proattiva dei Problemi:** Monitorare costantemente i processi operativi, l'esperienza del cliente e i feedback può aiutare a identificare i problemi prima che escalino. Utilizzare strumenti di analisi e feedback dei clienti per rilevare anomalie o insoddisfazione.

2. **Analisi delle Cause Radici:** Una volta identificato un problema, è essenziale analizzare le sue cause radici. Utilizzare metodi come il diagramma di Ishikawa o il 5 Whys per identificare la causa principale del problema e non solo i suoi sintomi.

3. **Comunicazione Chiara e Tempestiva:** Comunicare in modo proattivo con i clienti e il team riguardo ai problemi riscontrati. Mantenere la trasparenza e fornire aggiornamenti regolari può aiutare a mantenere la fiducia e ridurre l'insoddisfazione.

4. **Pianificazione delle Soluzioni:** Sviluppare un piano d'azione dettagliato per risolvere il problema. Questo potrebbe includere la correzione immediata degli errori, il miglioramento dei processi interni, o l'implementazione di nuove politiche.

5. **Prioritizzazione:** Se vi sono più problemi, prioritizzarli in base all'urgenza e all'impatto sul cliente e sull'attività. Risolvere prima i problemi critici che influiscono maggiormente sulla soddisfazione del cliente e sulle operazioni.

6. **Assegnazione delle Risorse:** Assegnare le risorse necessarie, sia umane che finanziarie, per risolvere il problema in modo efficace. Questo potrebbe includere il formare un team di risoluzione dei problemi o l'allocare un budget specifico.

7. **Implementazione e Monitoraggio:** Implementare la soluzione e monitorare attentamente gli effetti. Valutare se il problema è stato risolto completamente e se ci sono effetti collaterali non desiderati. Ajustare la soluzione se necessario.

8. **Feedback dei Clienti:** Raccogliere feedback dai clienti per assicurarsi che siano soddisfatti delle soluzioni apportate. Utilizzare questo

feedback per apportare ulteriori miglioramenti se necessario.

9. **Documentazione e Apprendimento:** Documentare il problema, la soluzione implementata e i risultati ottenuti. Utilizzare queste informazioni per formare il team e prevenire problemi simili in futuro.

10. **Miglioramento Continuo:** Infine, adottare una mentalità di miglioramento continuo. Analizzare regolarmente i processi e i feedback dei clienti per identificare aree di miglioramento e ottimizzare l'efficienza e la soddisfazione del cliente.

Risolvere i problemi in modo efficace richiede una combinazione di proattività, analisi, comunicazione e azione. Ogni problema risolto con successo rappresenta un'opportunità per rafforzare il rapporto con i clienti e migliorare l'efficienza operativa dell'azienda.

28. Upselling e Cross-Selling • Tecniche per aumentare il valore dell'ordine medio.

Upselling e cross-selling sono tecniche di vendita strategiche utilizzate per aumentare il valore dell'ordine medio e massimizzare i profitti. Ecco alcune tecniche dettagliate per implementare efficacemente l'upselling e il cross-selling nel tuo e-commerce:

1. **Analisi del Comportamento del Cliente:** Studiare i dati e il comportamento del cliente può aiutarti a identificare quali prodotti sono spesso acquistati insieme o quali prodotti premium sono più attraenti per determinati segmenti di clienti.

2. **Segmentazione dei Clienti:** Segmentare i clienti in base a diversi criteri, come la cronologia degli acquisti, le preferenze e il comportamento di navigazione, può aiutarti a targetizzare le offerte di upselling e cross-selling in modo più efficace.

3. **Offerte Personalizzate:** Creare offerte personalizzate in base alle preferenze e al comportamento d'acquisto del cliente. Ad esempio, se un cliente ha acquistato una macchina fotografica, potresti offrire uno sconto su un treppiede o una lente aggiuntiva.

4. **Valore Aggiunto:** Mostrare chiaramente il valore aggiunto delle offerte di upselling e cross-selling. Sottolineare i benefici, le caratteristiche aggiuntive o i risparmi che il cliente otterrà scegliendo l'opzione più costosa o aggiungendo prodotti correlati al carrello.

5. **Pricing Strategico:** Prezzare strategicamente i prodotti in modo che l'opzione di upselling appaia più attraente. Ad esempio, offrire un bundle di prodotti correlati a un prezzo leggermente superiore all'acquisto singolo può incentivare l'acquisto.

6. **Posizionamento degli Upsell e Cross-Sell:** Posizionare le offerte di upselling e cross-selling in punti strategici del processo di acquisto, come la pagina del prodotto, il carrello e la pagina di checkout, per massimizzare la visibilità e la conversione.

7. **Test e Ottimizzazione:** Effettuare test A/B su diversi elementi, come il posizionamento, il prezzo e il design delle offerte, per capire cosa funziona meglio con il tuo pubblico e ottimizzare di conseguenza.

8. **Limitare le Opzioni:** Offrire troppe opzioni può essere controproducente. Limitare le opzioni di upselling e cross-selling a quelle più rilevanti e attraenti per evitare di sopraffare il cliente.

9. **Creare Urgenza:** Utilizzare tecniche di vendita come la scarsità e il tempo limitato per creare un senso di urgenza e incoraggiare i clienti a prendere una decisione più rapidamente.

10. **Feedback e Revisione:** Monitorare le prestazioni delle strategie di upselling e cross-selling, raccogliere feedback dei clienti e apportare modifiche in base ai risultati e alle risposte dei clienti.

Implementando queste tecniche, potrai non solo aumentare il valore dell'ordine medio, ma anche migliorare l'esperienza del cliente offrendo prodotti e servizi che aggiungono valore al loro acquisto originario. Ricorda sempre di mantenere l'approccio centrato sul cliente, offrendo soluzioni che soddisfano realmente le loro esigenze e desideri.

Assolutamente, ecco ulteriori considerazioni dettagliate e strategie da considerare nell'applicare upselling e cross-selling nel tuo e-commerce:

**11. Raccomandazioni di Prodotto:** Integrare algoritmi di raccomandazione di prodotto che analizzano i dati dei clienti e suggeriscono prodotti correlati o complementari. Questi algoritmi possono essere basati su intelligenza artificiale e apprendimento automatico per migliorare la precisione delle raccomandazioni nel tempo.

**12. Offerte Stagionali e Tematiche:** Creare offerte di upselling e cross-selling in relazione a eventi stagionali, festività o eventi tematici. Ad esempio, durante le festività natalizie, potresti offrire confezioni regalo o sconti su acquisti multipli.

**13. Programmi di Fedeltà:** Incentivare gli acquisti di valore superiore o l'aggiunta di prodotti correlati al carrello attraverso programmi di fedeltà, offrendo punti, sconti futuri o altri vantaggi.

**14. Comunicazione Post-Vendita:** Implementare strategie di email marketing post-vendita per suggerire prodotti complementari o upsell dopo che il cliente ha effettuato un acquisto, aumentando la probabilità di acquisti futuri.

**15. Esperienza Utente Fluida:** Assicurarsi che il processo di upselling e cross-selling sia integrato in modo fluido nell'esperienza di acquisto online, senza interruzioni o frizioni che potrebbero dissuadere il cliente.

**16. Testimonianze e Recensioni:** Presentare testimonianze e recensioni di altri clienti che hanno beneficiato dell'upsell o del cross-sell può creare fiducia e incoraggiare altri clienti a fare lo stesso.

**17. Bundle Personalizzati:** Offrire la possibilità ai clienti di creare i propri bundle di prodotti, dando loro la flessibilità di scegliere prodotti complementari in base alle proprie esigenze.

**18. Visualizzazione Dinamica del Carrello:** Mostrare dinamicamente come l'aggiunta di prodotti al carrello influisce sul prezzo totale, sulle spese di spedizione o su altri vantaggi, può incentivare decisioni di acquisto positive.

**19. Chatbot e Assistenza Clienti:** Utilizzare chatbot e assistenza clienti per rispondere alle domande, suggerire prodotti e facilitare le decisioni di upselling e cross-selling in tempo reale.

**20. Analisi Predictiva:** Sfruttare l'analisi predictiva per anticipare le esigenze dei clienti e suggerire prodotti che potrebbero necessitare in futuro, basandosi su dati storici e comportamentali.

Incorporando queste strategie avanzate e mantenendo sempre un focus sulla soddisfazione del cliente, puoi ottimizzare ulteriormente le tue tecniche di upselling e cross-selling per stimolare le vendite e costruire relazioni più profonde con i tuoi clienti. Mantenere un equilibrio tra offrire valore aggiuntivo e non sembrare troppo insistente è fondamentale per il successo a lungo termine di queste strategie.

**21. Analisi del Comportamento del Cliente:**
Studiare e analizzare il comportamento del cliente può
aiutare a capire quali prodotti hanno più probabilità di
essere accettati in termini di upselling e cross-selling.
Strumenti come Google Analytics possono fornire dati
preziosi in questo contesto.

**22. Segmentazione del Pubblico:** Segmentare il
pubblico in base a diversi fattori come età, posizione
geografica, comportamento di acquisto, ecc., può
aiutare a personalizzare le offerte di upselling e cross-
selling e aumentare la probabilità di conversione.

**23. Sondaggi e Feedback dei Clienti:** Condurre
sondaggi e raccogliere feedback può aiutarti a capire
quali prodotti i clienti considerano complementari o
superiori. Queste informazioni possono essere
utilizzate per creare offerte di upselling e cross-selling
più mirate.

**24. Personalizzazione dell'Offerta:** Personalizzare
le offerte di upselling e cross-selling in base alle
precedenti interazioni e agli acquisti del cliente può
significativamente aumentare la rilevanza e l'efficacia
di tali offerte.

**25. Timing dell'Offerta:** Il timing è fondamentale
quando si tratta di upselling e cross-selling. Trovare il
momento giusto nel funnel di acquisto per presentare
l'offerta può fare la differenza tra una vendita e un
cliente irritato.

**26. Monitoraggio delle Performance:** Monitorare regolarmente le performance delle strategie di upselling e cross-selling è essenziale. Utilizzare metriche chiave come tasso di conversione, valore medio dell'ordine e ritorno sull'investimento per valutare l'efficacia delle tue strategie.

**27. Training del Personale:** Formare il personale di vendita e il team di supporto al cliente su come presentare efficacemente offerte di upselling e cross-selling può aumentare la probabilità di successo. La formazione dovrebbe includere la comunicazione del valore aggiunto e i benefici dei prodotti.

**28. A/B Testing:** Sperimentare con differenti strategie e tattiche attraverso l'A/B testing può aiutare a trovare cosa funziona meglio con il tuo pubblico. Variare il timing, la posizione, la presentazione e il contenuto delle offerte per ottimizzare i risultati.

**29. Creare Senso di Urgenza:** Creare un senso di urgenza attraverso offerte a tempo limitato o disponibilità limitata può incentivare i clienti a prendere decisioni di acquisto più rapidamente.

**30. Transparent Communication:** Comunicare in modo trasparente e onesto i benefici dell'upselling o del cross-selling è essenziale per costruire fiducia con i clienti. Evitare di esagerare o di fare promesse che non possono essere mantenute.

Ricorda che la chiave del successo nell'upselling e nel cross-selling risiede nella capacità di offrire valore aggiunto ai clienti, migliorando la loro esperienza d'acquisto e soddisfacendo le loro esigenze in modo più completo.

Concludendo, l'upselling e il cross-selling sono tecniche di vendita strategiche che, se implementate correttamente, possono portare a un significativo aumento del valore dell'ordine medio e della soddisfazione del cliente. E' fondamentale che queste strategie siano applicate con attenzione e precisione, tenendo sempre presente l'esperienza e le esigenze del cliente.

L'analisi dettagliata del comportamento del cliente e la segmentazione del pubblico sono passi iniziali cruciali, poiché permettono di personalizzare le offerte in modo da essere il più rilevante e attraente possibile. La personalizzazione dell'offerta, basata su dati accurati e feedback dei clienti, non solo aumenta le probabilità di successo, ma contribuisce anche a costruire relazioni più solide e durature con i clienti.

Il timing dell'offerta è un elemento critico, che necessita di un'attenta valutazione. Presentare l'offerta nel momento giusto del funnel di acquisto può migliorare significativamente le conversioni, mentre un timing errato può avere l'effetto opposto. Inoltre, la creazione di un senso di urgenza, attraverso offerte a tempo limitato o disponibilità limitata, può essere un efficace stimolo alla decisione d'acquisto.

La formazione del personale è un altro aspetto essenziale, poiché un team ben preparato è in grado di comunicare il valore aggiunto delle offerte di modo più efficace e convincere i clienti dei benefici di un eventuale acquisto aggiuntivo o di un upgrade. Una comunicazione trasparente e onesta è fondamentale in questo processo, per mantenere la fiducia del cliente e costruire una reputazione positiva nel lungo termine.

Infine, il monitoraggio delle performance e l'A/B testing sono strumenti indispensabili per valutare l'efficacia delle strategie di upselling e cross-selling e per apportare le necessarie ottimizzazioni. Utilizzare metriche chiave e testare varie tattiche contribuirà a migliorare continuamente i risultati e a massimizzare il ritorno sull'investimento.

In sintesi, l'upselling e il cross-selling, quando applicati con considerazione e precisione, rappresentano strumenti potentissimi per incrementare i ricavi e rafforzare la relazione con il cliente.
L'implementazione di queste tecniche richiede una combinazione di analisi dati, personalizzazione, formazione del personale e comunicazione efficace. Ogni step deve essere attentamente pianificato e ottimizzato per garantire che le offerte siano non solo

attraenti, ma anche pertinenti e vantaggiose per il cliente.

Per ottenere il massimo dai programmi di upselling e cross-selling, è essenziale rimanere flessibili e aperti ai feedback, adattando continuamente le strategie in risposta ai cambiamenti nel comportamento del cliente e nel mercato. Attraverso un impegno costante per l'apprendimento e l'adattamento, è possibile realizzare campagne di upselling e cross-selling che portano valore sia ai clienti che all'impresa.

29. Fidelizzazione del Cliente • Strategie per mantenere i clienti e incentivare ripetute acquisti.

Nella fidelizzazione del cliente, l'obiettivo è costruire e mantenere relazioni durature con i clienti, incentivando ripetute acquisti e creando un senso di lealtà verso il marchio. La fidelizzazione del cliente non solo contribuisce a stabilizzare il flusso di entrate, ma può anche trasformare i clienti in ambasciatori del marchio, generando un passaparola positivo e referenze.

Strategie per la Fidelizzazione del Cliente:

1. **Programmi di Fedeltà**: Creare programmi di fedeltà attraenti che offrano sconti, premi o vantaggi esclusivi ai clienti che effettuano acquisti ripetuti o raggiungono determinati livelli di spesa.

2. **Comunicazione Personalizzata**: Stabilire una comunicazione personalizzata e regolare con i clienti attraverso newsletter, email, social media e altri canali, per farli sentire valorizzati e per mantenerli informati su nuovi prodotti, offerte e novità.

3. **Servizio Clienti Eccellente**: Fornire un servizio clienti di alta qualità, risolvendo

prontamente problemi e reclami, e andando oltre le aspettative per soddisfare le esigenze dei clienti.

4. **Esperienza d'Acquisto Olistica**: Ottimizzare l'esperienza d'acquisto su tutti i canali, garantendo facilità d'uso, sicurezza e coerenza, in modo da creare un'esperienza positiva che i clienti vorranno ripetere.

5. **Contenuti Esclusivi e Valorizzanti**: Offrire contenuti esclusivi, utili e coinvolgenti attraverso blog, social media e altre piattaforme, per creare un legame emotivo e educare i clienti sui valori del marchio.

6. **Feedback e Recensioni**: Encouragare i clienti a lasciare feedback e recensioni, e utilizzare questi input per migliorare i prodotti e i servizi, mostrando ai clienti che la loro opinione è valorizzata.

7. **Offerte e Promozioni Personalizzate**: Proporre offerte e promozioni personalizzate in base alle preferenze e al comportamento d'acquisto dei clienti, per aumentare la percezione di valore e incentivare ulteriori acquisti.

8. **Community Building**: Costruire una community attorno al marchio attraverso forum, gruppi social e eventi, per far sentire i clienti parte di qualcosa di più grande e per incoraggiare l'interazione e l'engagement.

Analizzando e implementando queste strategie, è possibile non solo mantenere i clienti esistenti, ma anche aumentare il loro valore nel tempo, attraverso acquisti ripetuti e referral. La fidelizzazione del cliente deve essere vista come un investimento a lungo termine, che richiede impegno, ascolto e adattamento continuo alle esigenze e ai desideri dei clienti.

1. **Tecniche di Gamification**: Implementare tecniche di gamification può aumentare l'engagement dei clienti. Questo può includere la creazione di sfide, competizioni e sistemi di punteggio che ricompensano i clienti per vari comportamenti, come fare acquisti, lasciare recensioni o interagire con il marchio sui social media.

2. **App Mobile Dedicata**: Sviluppare un'app mobile dedicata può fornire un canale diretto di comunicazione e interazione con i clienti. Attraverso l'app, è possibile inviare notifiche push, offrire sconti esclusivi e raccogliere dati preziosi sul comportamento dei clienti.

3. **Personalizzazione dell'Esperienza**: Utilizzare i dati raccolti dai clienti per personalizzare la loro esperienza di acquisto online. Questo può includere raccomandazioni di prodotti basate su acquisti precedenti, messaggi di auguri personalizzati e offerte speciali in occasioni di compleanno o anniversari.

4. **Corsia Preferenziale per Clienti Fideli**: Offrire vantaggi quali spedizioni più veloci, priorità nel servizio clienti o accesso anticipato a saldi e nuovi prodotti può incentivare i clienti a rimanere fedeli al marchio.

5. **Eventi Esclusivi**: Organizzare eventi esclusivi, sia online che offline, come webinar, workshop e presentazioni di prodotti, può aumentare il senso di appartenenza e coinvolgere maggiormente i clienti con il marchio.

6. **Educazione e Formazione**: Fornire risorse educative e opportunità di formazione può aiutare a stabilire un rapporto di valore con i clienti. Ad esempio, potresti offrire tutorial, guide e webinar su come utilizzare al meglio i tuoi prodotti o servizi.

7. **Transparenza e Responsabilità Sociale**: Dimostrare impegno in pratiche aziendali etiche e responsabili può costruire fiducia e rafforzare la lealtà dei clienti. Comunicare apertamente su

temi come la sostenibilità, la filantropia e la diversità può fare la differenza.

8. **Analisi del Comportamento del Cliente**: Monitorare e analizzare il comportamento del cliente attraverso strumenti di analytics può aiutare a comprendere meglio le loro esigenze e aspettative, consentendo di adattare la strategia di fidelizzazione di conseguenza.

9. **Testimonianze e Case Study**: Presentare storie di successo di clienti soddisfatti può fornire prova sociale e incentivare altri a fare affari con te. Questo tipo di contenuto può essere particolarmente efficace quando condiviso sui canali social.

Implementare una combinazione di queste strategie e tattiche può contribuire a costruire relazioni durature con i clienti e a massimizzare il valore del ciclo di vita del cliente. Ricorda che la fidelizzazione del cliente non è un'attività una tantum, ma un processo continuo che richiede impegno, creatività e attenzione alle esigenze e ai desideri dei clienti.

Concludendo, la fidelizzazione del cliente non è solamente un elemento chiave per il successo a lungo termine di un'azienda, ma rappresenta anche un investimento strategico nella costruzione di relazioni durature e proficue. Il processo di costruire e mantenere la fedeltà dei clienti è complesso e multifattoriale, richiedendo un approccio olistico che integra vari aspetti del business.

Prima di tutto, è essenziale comprendere a fondo i bisogni, le aspettative e i desideri dei clienti. Questo può essere realizzato attraverso analisi approfondite del comportamento del cliente, sondaggi di soddisfazione e feedback diretti. Avendo una conoscenza dettagliata dei clienti, l'azienda può personalizzare l'esperienza d'acquisto, creando offerte su misura e comunicazioni mirate.

In secondo luogo, la transparenza e l'etica aziendale giocano un ruolo cruciale nel costruire la fiducia e l'affidabilità. Un'azienda che dimostra responsabilità sociale, ambientale e comunitaria guadagna il rispetto e l'apprezzamento dei clienti, contribuendo a instaurare un legame emotivo.

L'implementazione di programmi di lealtà, come punti premio, sconti esclusivi e accesso a eventi speciali, rappresenta un incentivo tangibile per i clienti a continuare a fare affari con l'azienda. Allo stesso tempo, la creazione di un senso di comunità attraverso eventi esclusivi e interazioni sui social media può rafforzare il senso di appartenenza e identificazione con il brand.

La gestione proattiva delle recensioni e dei feedback, sia positivi che negativi, è fondamentale per mostrare ai clienti che la loro opinione è valorizzata e considerata. Rispondere prontamente e risolvere eventuali problemi rafforza la reputazione dell'azienda e migliora la soddisfazione del cliente.

Infine, è indispensabile mantenere un approccio innovativo e flessibile alla fidelizzazione dei clienti. Il panorama del commercio elettronico è in continua evoluzione, e le aspettative dei clienti cambiano di conseguenza. Investire in tecnologia, formazione e sviluppo del personale consente all'azienda di rimanere al passo con le tendenze del mercato e di offrire un servizio sempre all'altezza delle aspettative.

In sintesi, la fidelizzazione del cliente è un processo continuo e dinamico che richiede dedizione, ascolto e adattamento. Attraverso l'integrazione di strategie diverse e l'attenzione costante alle esigenze dei clienti, un'azienda può costruire relazioni solide e durature, garantendo la sostenibilità e la crescita nel lungo termine.

30. Conclusione e Prossimi Passi • Riflessioni finali e consigli per il futuro.

Concludendo questo percorso dettagliato e multidimensionale sull'e-commerce, è essenziale riepilogare gli aspetti fondamentali e delineare i prossimi passi per assicurare il successo e la crescita continua del vostro negozio online.

1. **Riflessioni Finali:** Avendo esplorato vari aspetti dell'e-commerce, dalla creazione del sito e la selezione dei prodotti, al marketing digitale e la gestione delle relazioni con i clienti, è fondamentale riflettere sulle lezioni apprese. Ogni fase ha presentato le sue sfide e opportunità, e adesso è il momento di valutare quali strategie hanno portato i migliori risultati e quali aree necessitano di ulteriori miglioramenti.

2. **Analisi delle Performance:** Continuare a monitorare e analizzare le performance del vostro negozio è cruciale. Utilizzate gli strumenti analitici per valutare il comportamento degli utenti, le conversioni, e il ROI delle campagne pubblicitarie. Questi dati vi guideranno nell'ottimizzare le strategie esistenti e identificare nuove opportunità di crescita.

3. **Adattamento e Innovazione:** Il mondo dell'e-commerce è in continua evoluzione. Mantenete un atteggiamento proattivo verso l'innovazione, sperimentando nuove tecnologie, piattaforme e strategie di marketing. L'adattabilità e la capacità di anticipare le tendenze vi permetteranno di rimanere competitivi nel mercato.

4. **Fidelizzazione del Cliente:** Non sottovalutate l'importanza di costruire e mantenere relazioni solide con i vostri clienti. Lavorate costantemente sull'esperienza del cliente, sulla personalizzazione delle offerte, e sulla gestione efficace delle recensioni e dei reclami.

5. **Sviluppo Sostenibile:** Considerate il vostro impatto ambientale e sociale. Un'azienda responsabile e etica non solo guadagna la fiducia dei clienti, ma contribuisce anche a costruire un futuro sostenibile per tutti.

6. **Formazione e Apprendimento Continuo:** Infine, investite nel vostro sviluppo personale e professionale e in quello del vostro team. Partecipate a corsi, workshop e conferenze per rimanere aggiornati sulle ultime novità del settore e acquisire nuove competenze.

**Prossimi Passi:** Sviluppate un piano d'azione chiaro e realistico per il futuro. Stabilite obiettivi specifici, misurabili, raggiungibili, rilevanti e temporizzati

(SMART) e create un calendario per l'implementazione delle nuove strategie. Non dimenticate di misurare continuamente i risultati e di apportare le necessarie modifiche al vostro piano.

In conclusione, il percorso nell'e-commerce è tanto sfidante quanto gratificante. Con dedizione, impegno, e una strategia ben pianificata, è possibile raggiungere il successo e costruire un business florido e sostenibile. Ricordate, il vostro viaggio non finisce qui; l'apprendimento e l'adattamento sono processi continui che vi accompagneranno lungo tutta la vostra avventura imprenditoriale. In bocca al lupo!

Nel corso di questo libro, abbiamo esplorato insieme numerosi aspetti fondamentali dell'e-commerce, delineando strategie, suggerimenti e buone pratiche per lanciare e gestire un negozio online di successo. Ecco un breve riassunto dei punti chiave trattati:

1. **Introduzione all'E-commerce**

   - Esplorazione del panorama dell'e-commerce e delle sue potenzialità.

2. **Scegliere cosa Vendere**

   - Identificazione di nicchie di mercato e selezione di prodotti o servizi da offrire.

3. **Fornitori e Gestione del Magazzino**

   - Collaborazione con fornitori affidabili e gestione efficace delle scorte.

4. **Creazione del Sito Web**

   - Sviluppo di un sito web user-friendly e ottimizzato per la conversione.

5. **Sistema di Pagamento**

   - Implementazione di metodi di pagamento sicuri e convenienti.

6. **Prezzi e Costi**

   - Definizione di una strategia di pricing e gestione dei costi operativi.

7. **Branding e Posizionamento**

   - Creazione di un brand forte e identificazione del target di mercato.

8. **SEO e Visibilità Online**

   - Ottimizzazione per i motori di ricerca e aumento della visibilità online.

9. **Gestione delle Spedizioni**

   - Metodi e consigli per la spedizione efficiente dei prodotti.

10.   **Social Media e Marketing**

- Utilizzo di piattaforme social come Instagram e strategie di marketing digitale.

11. **Influencer e Pubblicità a Pagamento**

- Collaborazioni con influencer e strategie di advertising online.

12. **Content e Email Marketing**

- Creazione di contenuti coinvolgenti e campagne di email marketing efficaci.

13. **Programmi di Affiliazione e Offerte**

- Gestione dei programmi di affiliazione e utilizzo di sconti per stimolare le vendite.

14. **Analisi, Ottimizzazione e Aspetti Legali**

- Monitoraggio delle performance, ottimizzazione continua e gestione degli aspetti legali.

15. **Gestione delle Recensioni e Risoluzione Problemi**

- Strategie per gestire le recensioni e risolvere i problemi in modo efficace.

16. **Upselling, Cross-Selling e Fidelizzazione del Cliente**

- Tecniche per aumentare il valore dell'ordine medio e strategie di fidelizzazione.

17. **Conclusione e Prossimi Passi**

- Riflessioni finali e piani per il futuro.

Per ulteriori informazioni, approfondimenti e aggiornamenti, è possibile consultare alcuni siti web e guide utili:

- **Shopify Academy**: offre corsi gratuiti e guide dettagliate su vari aspetti dell'e-commerce.

- **BigCommerce Blog**: ricco di articoli, guide e consigli sull'e-commerce.

- **Moz SEO Learning Center**: una risorsa indispensabile per approfondire le conoscenze sulla SEO.

- **HubSpot Blog**: offre contenuti su marketing digitale, vendite e customer service.

- **Google Analytics Academy**: corsi gratuiti per imparare ad utilizzare Google Analytics.

- **Agenzia delle Entrate**: per informazioni aggiornate su aspetti fiscali e legali in Italia.

- **Trustpilot Blog**: consigli e best practice sulla gestione delle recensioni online.

Con l'acquisizione delle conoscenze e delle competenze descritte in questo libro, unitamente alla consultazione di risorse aggiuntive e all'applicazione pratica, siete ben posizionati per intraprendere con successo il vostro viaggio nel mondo dell'e-commerce. Buon lavoro e in bocca al lupo per il vostro progetto imprenditoriale!